LIBERTÉ DE TESTER

PAR

LE BARON DE VEAUCE

DÉPUTÉ

PARIS

E. DENTU, LIBRAIRE-ÉDITEUR

PALAIS ROYAL, GALERIE D'ORLÉANS

1864

LIBERTÉ DE TESTER

PAR

M. LE BARON DE VEAUCE

DÉPUTÉ

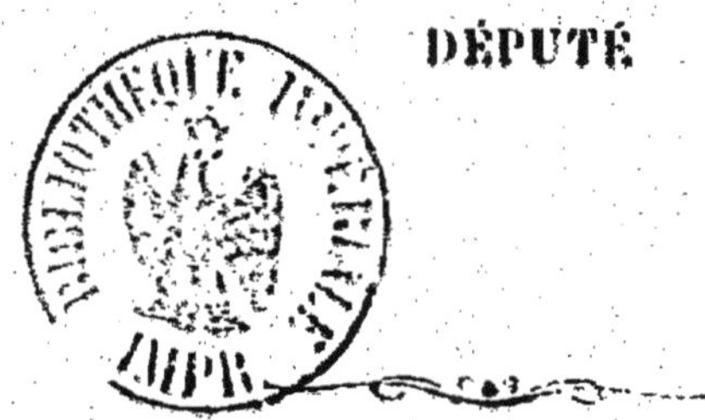

PARIS

E. DENTU, LIBRAIRE-ÉDITEUR

PALAIS-ROYAL, GALERIE D'ORLÉANS

1861

DISCOURS

PRONONCÉ PAR

M. LE BARON DE VEAUCE

Député au Corps Législatif

DANS LA DISCUSSION DE L'ADRESSE

———

Séance du 20 Janvier 1861

———

MESSIEURS,

Le quatrième paragraphe nous rappelle les dispositions libérales de l'Empereur et nous parle de nouvelles réformes. Les réformes sont la conséquence naturelle des progrès de la civilisation des peuples.

Enfin, le paragraphe déclare que toutes les mesures qui auront pour but de détruire les obstacles à la liberté des transactions ainsi qu'à l'initiative individuelle seront accueillies avec faveur et reconnaissance.

L'Adresse est pour nous une occasion d'apporter jusqu'aux pieds du Trône l'expression de nos sentiments et de nos vœux sur les réformes ou modifications que nous jugeons utiles dans l'intérêt du pays.

De toutes parts et dans toutes les classes sociales se manifestent les tendances aux idées libérales.

Partout le mouvement de progrès général se répand dans les masses, et partout on exprime avec ardeur le désir de voir le Gouvernement donner une plus grande impulsion à tout ce qui touche aux intérêts de l'agriculture, du commerce et de l'industrie.

Tout cela est une preuve de la grande extension que prennent en France les affaires; on semble pressentir qu'une lutte sérieuse va s'engager entre tous les peuples, mais une lutte pacifique, une lutte commerciale et industrielle, que l'Empereur a caractérisée en ces termes, le 25 janvier dernier, dans son mémorable discours aux exposants français revenant de l'Exposition universelle de Londres :

« Ce genre de guerre qui ne fait point de vic-

« times a plus d'un mérite : il suscite une noble
« émulation, amène des traités de commerce
« qui rapprochent les peuples et font dispa-
« raître les préjugés nationaux sans affaiblir
« l'amour de la patrie. De ces échanges maté-
« riels naît un échange plus précieux encore,
« celui des idées. »

C'est, comme vous le voyez, Messieurs, une
lutte de productions que l'Empereur nous indique; il faut donc, pour nous mettre à même
de triompher, exciter chez nous l'esprit d'entreprise, l'initiative individuelle, dont nous parle
ce paragraphe de l'Adresse, et nous armer de
tous les éléments qui puissent faire ressortir
avec avantage nos richesses nationales, en
permettant d'accroître les fortunes par le travail.

Ce discours que je viens de citer nous montre
ce que l'on doit attendre de cet « *échange des
idées* » et de « *la liberté*, « qui, comme en An-
« gleterre, dit l'Empereur, respecte toujours les
« bases principales sur lesquelles reposent la
« société et le pouvoir. Par cela même elle ne
« détruit pas, elle améliore, elle porte à la main

« non la torche qui incendie, mais le flambeau
« qui éclaire; et dans les entreprises particu-
« lières, l'initiative individuelle, s'exerçant avec
« une infatigable ardeur, dispense le Gouverne-
« ment d'être le seul promoteur des forces vitales
« d'une nation. »

J'appelle, Messieurs, votre attention sur ces
dernières paroles du Chef de l'État : elles indi-
quent chez nous la phase sociale dans laquelle
nous nous trouvons placés.

Permettez-moi donc de vous exprimer mes
idées, qui, au point de vue essentiellement libéral
et démocratique, me portent à vous entretenir
des réformes ou modifications qui me paraissent
nécessaires pour donner une plus grande extension à la faculté de tester résultant des articles
745 et 913 du Code civil, attendu qu'ils appor-
tent des entraves aux progrès de la richesse publique, en paralysant l'initiative individuelle et
l'esprit d'entreprise, parce qu'ils causent à chaque génération la dispersion presque complète
de tous les éléments de la fortune commerciale,
industrielle ou agricole; parce qu'ils détruisent
dans la plupart des circonstances le principe

d'autorité dans la famille, ainsi que je vais chercher à le développer devant vous.

La liberté, la propriété et la transmission de la fortune forment la base de tout état social.

Les sociétés sont gouvernées par des lois déterminées par les mœurs des peuples; aussi tous les jours nous modifions des lois que le temps et les changements dans les mœurs et les habitudes ont fait reconnaître ne plus se trouver en harmonie avec les faits et les circonstances.

Pour éviter toute équivoque et fausse supposition, j'aborde nettement les choses et je dis loyalement et sans arrière-pensée : Je ne veux rien du droit d'aînesse; je suis contre les majorats et contre toute espèce de substitution, parce que tout cela porte atteinte au principe de la liberté et au principe de la propriété; je veux que celui qui reçoit soit aussi libre que celui qui donne; enfin, je ne veux rien qui puisse être contraire en quoi que ce soit aux principes de 1789.

Ceci bien explicitement formulé, j'ajoute que, dans l'état actuel de la situation de la

France, la quotité disponible attribuée au père de famille par nos lois n'est pas suffisante, et qu'une modification est à faire sur ce point, pour donner satisfaction à nos intérêts matériels, au point de vue des entreprises commerciales, industrielles et agricoles, soit en présence des traités de commerce avec les puissances étrangères, soit en raison du mouvement de la population et des conséquences sociales de la famille.

Pour bien apprécier les motifs qui ont donné lieu à une loi, il faut se reporter à l'époque où elle a été faite.

Le 15 mars 1790, à la suite des immortelles réformes de 1789, la Constituante abolit le droit d'aînesse.

Plus tard, de grandes luttes ont lieu à la tribune : nous y voyons successivement Robespierre attaquant les droits du père de famille et Tronchet et Cazalès qui défendent l'autorité de la famille pour consacrer la faculté de tester.

Mais je ne veux pas rappeler les tristes souvenirs de la tourmente révolutionnaire.

Le 7 mars 1793, il est interdit au chef de fa-

mille de faire usage de testament s'il a des enfants.

Enfin vient la loi du 17 nivôse an II, qui ne
permet pas de tester en faveur de ses héritiers,
et qui permet cependant de le faire en faveur
des étrangers, pour un dixième de la fortune si
le testateur a des enfants, et un sixième seulement s'il n'a que des collatéraux.

Singulier contraste qui définit bien les impressions de l'époque d'alors, accordant de donner à des étrangers ce que la loi refuse de donner aux membres de sa propre famille!

Des plaintes contre cette loi arrivèrent de
toutes parts, et il est aisé de se convaincre, en
lisant les débats des assemblées du temps, qu'on
interprétait le mot d'*égalité* dans des sens bien
différents. Les uns le comprenaient comme
égalité devant la loi pour tous les citoyens de
toutes les classes sociales, pouvant ainsi s'élever, par le travail et le talent, aux plus hautes
fonctions du pouvoir; c'est cette définition qui
a prévalu dans les travaux préparatoires du
Code civil, et c'est le sens vrai de l'interpréta-
tion qui résulte des réformes de 1789.

Les autres entendaient alors par égalité une sorte de nivellement ou de principe égalitaire ayant pour but d'empêcher la disproportion des fortunes qui pourrait, selon ces derniers, détruire l'égalité et corrompre l'esprit républicain.

Il me semble pouvoir traduire les deux tendances différentes en disant que la première représentait le sentiment libéral et l'autre le sentiment révolutionnaire.

La loi du 17 nivôse an II existait depuis six ans, lorsque, le 19 ventôse an VIII, Boulay de la Meurthe apporta au Tribunat un nouveau projet de loi relatif à la faculté de tester, tendant à accorder au père de famille le droit de disposer d'un quart de sa fortune s'il laisse moins de quatre enfants, d'un cinquième s'il a quatre enfants, d'un sixième s'il en a cinq, et ainsi de suite, en comptant toujours, pour déterminer la portion disponible, le nombre des enfants plus un.

A cette époque si rapprochée de celle où fut faite la rédaction du Code Civil, les arguments que l'on fait valoir de part et d'autre dans la discussion, pour combattre ou défendre la loi du 17 nivôse, offrent un intérêt tout particulier et font ressortir avec clarté les impressions du moment.

Voici ce que dit Boulay (de la Meurthe), le 19 ventôse an VIII :

« En abolissant les substitutions nées de la
« féodalité, il ne fallait pas tomber dans un
« autre excès. Ce système d'interdiction (de la
« liberté de tester) était fondé sur des idées
« fausses d'égalité et de liberté politiques ; on
« oubliait, en cela, comme en beaucoup d'autres
« choses, que le premier bien de l'homme en
« société est la liberté civile, et que toutes les
« fois qu'on veut la restreindre, sous prétexte
« d'avoir une égalité et une liberté politiques
« plus parfaites, on sacrifie la fin aux moyens,
« on s'écarte du but de toute bonne organisa-
« tion sociale. C'est donc revenir à une liberté
« bien entendue et beaucoup plus réelle que
« d'étendre la faculté de disposer, soit par acte
« entre-vifs, soit par acte de volonté dernière ;
« c'est céder à un des premiers besoins du
« cœur humain, à un des vœux les plus ar-

« dents de la nation, qui souffre très-impatiem-
« ment le joug que lui a imposé la loi du 17 ni-
« vôse. »

Or, Messieurs, cette loi du 17 nivôse, c'était le partage égal entre les enfants. Mais nous reviendrons plus tard sur les opinions des hommes considérables de l'époque à cet égard.

La loi du 4 germinal an VIII fut adoptée à la majorité de 213 voix sur 266 votants.

Enfin, en 1803, furent votés, au Conseil d'État, les articles 745 et 913 qui nous régissent aujourd'hui, laissant un quart de la fortune comme quotité disponible s'il y a trois enfants et plus, un tiers s'il y en a deux et la moitié s'il n'y en a qu'un.

Examinons donc dans quelle position se trouvait la France alors, et dans quelle situation comparative elle se trouve aujourd'hui, afin de rechercher si les conséquences de cette loi, faite il y a soixante ans, doivent être les mêmes dans l'avenir en partant de l'état actuel des choses.

La France comptait à cette époque environ 30 millions d'habitants; la moitié et plus de son étendue était inculte ou en forêts; il n'existait

pour ainsi dire pas de grandes industries; l'agriculture était dans un tel état d'abandon qu'Ar-
thur Young s'écriait, dans son voyage à travers
nos provinces : « Grand Dieu! donne-moi pa-
tience de voir un si beau pays dans un tel état
d'abandon et de misère! »

Les terres, immenses d'étendue, nourrissaient
à peine ceux qui les cultivaient; il n'y avait que
fort peu de routes, et l'on mettait pour faire des
voyages presque autant de temps qu'en indique
madame de Sévigné dans ses lettres : douze
jours de Paris à Vichy, ce qui se fait aujourd'hui
en sept heures.

Dans un autre ordre de choses, nous voyons
qu'il existait peu de valeurs mobilières; qu'il
n'y avait pas d'établissement de crédit : la Banque de France n'était pas créée ; enfin le budget
de l'État n'était que de 690 millions en 1801, et
de 700 millions en 1803. Il atteint aujourd'hui
deux milliards.

Après cet aperçu des faits antérieurs, que
voyons-nous maintenant en France?

De tous côtés, des routes magnifiques, des
chemins de fer qui sillonnent en tous sens le

territoire ; partout l'électricité transmet les com-
munications d'un bout du monde à l'autre ; la
navigation à vapeur fend les mers avec une rapidité surprenante ; l'homme est parvenu à
triompher des éléments ! La population est de 37
millions d'habitants ; mais ce n'est plus dans les
campagnes qu'elle demeure en grand nombre,
c'est dans les grandes villes qu'elle se porte en
foule. Paris, qui ne possédait que quelques cen-
taines de mille individus il y a soixante ans,
en compte plus de deux millions en y compre-
nant la population flottante.

Les établissements de crédit se sont multipliés
à l'infini et sous toutes les formes ; aussi s'ac-
corde-t-on à reconnaître qu'il existe plus de 40
milliards de valeurs mobilières.

C'est une transformation complète des formes
de la richesse ; les sciences, les arts, ont suivi
le même mouvement, la même impulsion. Mais,
Messieurs, tous ces progrès n'ont pas eu lieu
qu'en France ; ils existent dans le monde entier.
Les relations se font entre tous les peuples ; de
là les traités de commerce conclus entre la
France et les autres nations.

Vous saisissez immédiatement l'importance que prend le capital dans cette situation, et avec moi vous reconnaîtrez la signification de ces paroles de l'Empereur dans son discours aux exposants de Londres que je citais tout à l'heure : « Ces traités de commerce qui rappro-
« chent les peuples, cet échange d'idées, cette
« liberté qui porte le flambeau qui éclaire, et
« l'initiative individuelle dans les entreprises
« particulières, qui dispense le Gouvernement
« d'être le seul promoteur des forces vitales
« d'une nation. »

Et puisque nous avons parlé des traités de commerce que nous avons faits avec un grand nombre de peuples du monde, il s'agit maintenant de voir si leurs législations ne leur donnent pas les moyens d'agglomérer chez eux le capital dans les familles ; car s'il est reconnu que le capital est un élément essentiel du commerce et des grandes industries, nous ne pourrions lutter à armes égales, si, pendant que les fortunes s'accroissent et se maintiennent chez nos concurrents, elles diminuent et s'anéantissent chez nous, à chaque génération, dans les familles.

En effet, c'est un axiome d'économie politique, « qu'en produisant peu, on produit mal et
« chèrement ; que plus les opérations se font en
« grand, plus il y a de valeur dans les produits,
« et moins ils coûtent (1). »

En Autriche, la quotité disponible par le père
de famille est de la moitié de la fortune, quel
que soit le nombre des enfants. (Ces derniers
peuvent être exhérédés pour des faits prévus
par la loi, tels que : abandon du père de famille
dans un état de détresse, condamnation à vingt
ans de travaux forcés, vie contraire à la morale
publique.)

En Norvége, la quotité disponible est de la
moitié, quel que soit le nombre des enfants.

En Suisse, dans plusieurs cantons : Neufchâ-
tel, le Tessin, le canton de Vaud, la quotité disponible est de la moitié (et, dans ce dernier canton, le père a la faculté d'exhéréder limitée à
certains cas : 1° l'attentat à la vie ; 2° des coups
portés au père ou à la mère ; 3° condamnation
à une réclusion d'un an au moins ; 4° condam-

---

(1) Franck, *Dictionnaire des sciences philosophiques*, p. 265.

nation pour prostitution, s'il s'agit d'une fille;
5° refus d'aliments.

En Wurtemberg, la quotité disponible est des
deux tiers s'il y a quatre enfants, et de la moitié s'il y en a cinq.

En Saxe, la quotité disponible est des deux
tiers s'il n'y a qu'un enfant, et de la moitié s'ils
sont plusieurs.

En Prusse, la quotité disponible est des deux
tiers s'il y a deux enfants, de la moitié s'ils
sont trois ou quatre, d'un tiers s'ils sont davantage.

En Bavière, elle est des deux tiers s'il y a
moins de cinq enfants, et de la moitié s'ils sont
un plus grand nombre. (L'exhérédation peut y
avoir lieu pour certains cas déterminés, tels
que : actes graves d'ingratitude envers l'ascendant, attentat à la vie, dénonciation, insultes,
trahison, abandon pendant une maladie, exercice d'une profession honteuse, adultère avec le
beau-père ou la belle-mère.)

En Italie, le Code sarde fixe la quotité disponible aux deux tiers, s'il y a un ou deux enfants,
et à la moitié s'ils sont plus nombreux; le Code

des Deux-Siciles détermine la quotité disponible à la moitié de la fortune, quel que soit le nombre des enfants.

En Espagne, la quotité disponible est de la moitié de la fortune.

En Angleterre, la liberté de tester du père de famille est complète et absolue; mais, par une tendance aristocratique, la loi suppose, en cas de succession *ab intestat*, que le testateur, s'il eût fait un testament, aurait donné ses immeubles à l'aîné des enfants mâles parmi ses héritiers, lesquels partagent également entre eux les valeurs mobilières.

Dans ce pays de liberté, la loi de succession est en contradiction avec l'application du principe de liberté : ainsi, le père de famille est entièrement libre de laisser sa fortune par testament comme bon lui semble, et cette liberté, dont il aime pouvoir jouir pour lui-même, il peut l'enlever à son héritier par une substitution qui ne le rend plus qu'usufruitier, et ce dernier devient alors tributaire de son propre enfant, qui est propriétaire; tous deux se trouvent liés jusqu'à ce que, d'un commun accord, le fils, étant majeur, accepte avec son père de rompre le majorat; alors seulement tous deux redeviennent libres.

Tel est le système du droit d'aînesse en Angleterre à côté de la liberté, et autant le principe de la liberté fait de bien dans ce pays, autant le droit de substitution y fait de mal. Ces dernières, poussées à l'extrême, laissent d'immenses étendues de propriétés sans culture, et je n'hésite pas à dire qu'elles font un tort considérable à la richesse productive de la nation, et qu'elles déplacent d'une manière grave l'équilibre social du pays en donnant un trop grand pouvoir à l'aristocratie.

Le vrai pays de la liberté et de la démocratie, c'est l'Amérique. Là, Messieurs, la liberté de tester est absolue; le père libre donne à un ou plusieurs de ses enfants, qui, comme lui, sont libres.

S'il meurt *ab intestat*, la fortune est partagée également entre les enfants, comme en France. Je voudrais la loi chez nous comme elle existe en Amérique, dans ce pays démocratique comme le nôtre; et voici pourquoi : c'est parce que de toutes les nations du monde c'est celle dont la loi facilite et favorise le plus *l'association*.

Je le voudrais encore, parce que ma conviction personnelle est que la liberté de tester est la seule modification compatible avec les principes de 1789, puisque la liberté est la conséquence même du droit de propriété dont doit pouvoir jouir à son gré chaque citoyen: et qu'en l'absence de la manifestation de cette liberté, l'égalité de partage doit rester le principe de nos lois démocratiques.

Maintenant, Messieurs, ne remarquez-vous pas que tous ces peuples divers ont des lois qui permettent de disposer d'une plus grande portion de la fortune que ne le permet la loi en France; et ne voyez-vous pas que, de ces puissances, les deux plus considérables au point de vue du mouvement commercial, jouissent de la liberté de tester? Car, si en Angleterre on a le droit de créer des substitutions pour les immeubles (ce que je repousse de toutes mes forces), on ne jouit pas moins de la liberté pour distribuer, comme on l'entend dans sa famille, tout ce qui concerne les valeurs mobilières, le com-

merce et l'industrie. En Amérique chacun fait
comme il veut la distribution de la richesse dans
sa famille, et quand, par suite de l'initiative individuelle, la force d'action isolée n'est pas suffisante, les individus, qui sont tous libres, la
multiplient par l'association.

Permettez-moi de vous dire à cet égard ce
qu'écrit Alexis de Tocqueville dans son ouvrage :
De la démocratie en Amérique.

« Dans les pays où la loi des successions or-
« donne le partage égal du père entre tous les
« enfants, la mort de chaque propriétaire
« amène une révolution dans la propriété, non-
« seulement les biens changent de maîtres,
« mais ils changent pour ainsi dire de nature ;
« ils se fractionnent sans cesse en portions plus
« petites... Mais la loi du partage égal n'exerce
« pas seulement son influence sur le sort des
« biens ; elle agit sur l'âme même des proprié-
« taires et appelle les passions à son aide...
« Les Américains de tous les âges, de toutes les
« conditions, de tous les esprits, s'unissent
« sans cesse. Non-seulement ils ont des asso-
« ciations commerciales et industrielles aux-

« quelles tous prennent part, mais ils en ont de
« mille autres espèces... S'agit-il enfin de
« mettre en lumière une vérité ou de dévelop-
« per un sentiment par l'appui d'un grand
« exemple : ils s'associent! Partout où, à la tête
« d'une entreprise nouvelle, vous voyez en
« France le Gouvernement et en Angleterre un
« grand seigneur, comptez que vous apercevrez
« aux États-Unis une association. »

La Louisiane est le seul État en Amérique où
existe la loi du partage égal, et l'on s'y trouve
fort mal de cette loi de succession. L'un des
hommes les plus autorisés et des plus considérables de ce pays me l'a non-seulement certifié,
mais il m'a assuré que, dès que l'Amérique joui-
rait de la tranquillité, une des premières mesures qui serait prise serait d'établir la liberté
de tester dans cette partie de l'Amérique du
Sud.

Toutes ces puissances ont donc le moyen
d'accumuler, par la quotité disponible ou par
la liberté, une plus forte portion du capital que
nous dans les familles. Mais comment pour-
rions-nous, en France, conserver dans un éta-

blissement particulier, commercial ou industriel, le capital nécessaire, si difficilement amassé, puisqu'à la mort du chef de famille, tout doit être divisé, partagé, et le plus souvent vendu à vil prix, par suite d'une liquidation forcée? L'établissement est généralement abandonné, l'un des enfants prend le fonds de roulement, un autre le fonds de réserve, un troisième réalise le matériel et les marchandises, et tout est détruit.

Or, remarquez que, si le commerce ou l'industrie peuvent cesser d'exister, par suite de la mort du père de famille, ce dernier doit être sous le coup d'une appréhension continuelle, dont il doit avoir hâte de se dégager en quittant les affaires le plus vite possible; car, s'il venait à mourir, une liquidation enlèverait à ses enfants les bénéfices de son travail. N'est-ce pas assez pour arrêter l'initiative individuelle et ralentir l'esprit d'entreprise?

Et encore, Messieurs, si ces établissements, sans cesse divisés, partagés et amoindris, pouvaient être attribués soit à l'un des enfants, plus capable pour maintenir l'honneur de la maison et de la raison sociale, soit à plusieurs d'entre eux par association, suivant la volonté du père; si, lorsque l'importance de la fortune le permet, le testateur pouvait donner à l'un des capitaux, à l'autre une terre, à un troisième une industrie, au moins ces divers éléments de richesse nationale subsisteraient en entier. Mais, avec notre loi, vous savez combien cela est difficile, pour ne pas dire impossible. Même en attribuant le quart comme quotité disponible, il suffit du caprice d'un enfant, ou d'un gendre, ou de l'existence d'un mineur, pour obliger de vendre la terre, l'industrie et les valeurs mobilières.

Or, toute vente forcée se fait à vil prix et cause une perte énorme pour la famille. L'État, par l'enregistrement et les procès qui en résultent, ainsi que les gens d'affaires, toujours heureux des difficultés, sont les seuls qui y gagnent et qui profitent du travail du père de famille.

Nous serions effrayés, Messieurs, si une statistique pouvait nous faire connaître les sommes immenses perdues pour les familles par les procès résultant des successions et des difficultés de partages (*C'est vrai! — Très-bien! très-*

bien!), ce qui n'aurait plus lieu si une plus grande latitude testamentaire était accordée au père de famille. Ce n'est point de ma part une opinion hasardée, et je m'appuie sur celle émise à cet égard par l'un des adversaires du testament, par le tribun Andrieux lui-même, qui, le 16 fructidor an VIII, reconnaît, en parlant de la division des patrimoines par le partage égal de la loi de nivôse, qu'on a été en France d'un excès dans un autre : « L'excès en tout a ses in-
« convénients, dit-il; à force d'appeler les héri-
« tiers, qui tous amènent leurs conseils et leurs
« hommes de loi, les successions s'évaporent
« et se volatilisent sous la main des gens d'af-
« faires. »

Ce que je vous disais des inconvénients du partage égal, en ce qui concerne les industries et la prospérité du commerce, n'est point non plus de ma part une idée chimérique, car, le 2 germinal an VIII, le tribun Gary parlait à ses collègues en ces termes :

« J'ai prouvé que la faculté de tester est une
« émanation du droit de propriété, et que, par
« cela seul qu'on est propriétaire, on doit jouir

« de cette faculté. Il me reste à démontrer que
« l'intérêt public nous prescrit de conserver aux
« propriétaires l'exercice de ce droit.

« De la faculté de disposer dépendent les
« progrès de l'industrie, la prospérité du com-
« merce, l'amélioration de tout ce qui tend à
« établir et à accroître la fortune publique. »

Plus loin, le tribun Gary semble prévoir à
l'avance les conséquences des traités de commerce; il compare la France d'alors avec les
autres États de l'Europe, et dit :

« C'est une nation, composée de trente mil-
« lions d'hommes, agricole et commerçante,
« qui ne peut laisser stériles dans ses mains tous
« les moyens de grandeur et de prospérité, qui
« doit essentiellement s'attacher à rendre tous
« les autres peuples tributaires de son industrie
« comme de son territoire. Or, la richesse pu-
« blique ne se compose que des richesses parti-
« culières : c'est donc servir la chose publique
« que d'exciter l'industrie et l'émulation des
« citoyens. Rien ne semble plus propre à rem-
« plir ce but que de leur assurer la libre dispo-
« sition du produit de leurs travaux. C'est alors

« que l'avenir s'enrichit du présent : alors, on
« se livre aux spéculations utiles; on dessèche,
« on défriche, on améliore, on plante, on prête
« à la terre, etc., etc. »

N'êtes-vous pas frappés, Messieurs, de ces
arguments invoqués il y a soixante ans, si
vous les rapprochez de ce qui se passe de nos
jours?

On prévoyait donc bien déjà l'inconvénient
du partage égal au point de vue du capital; et
croyez-vous que ces conséquences des lois n'af-
fectent pas autant la richesse publique que les
fortunes particulières par l'amoindrissement
de cet élément essentiel et indispensable à toute
entreprise? S'il fallait en fournir la preuve,
nous la trouverions dans la loi des quarante
millions que nous avons votée le 17 juillet 1860,
pour donner au Gouvernement les moyens de
prêter aux industriels en souffrance.

L'État n'est plus ici seulement « *le promoteur;* » il devient prêteur d'argent aux industries; et remarquez bien que pour le prêter, cet
argent, c'est aux contribuables qu'il faut qu'il le
demande. Il n'est donc point étonnant qu'à leur

tour les contribuables viennent tout demander
à l'État!

Ce qui existe à l'égard du commerce et de l'industrie est au moins aussi grave en ce qui concerne la propriété territoriale, l'agriculture et la
population.

Il fut un temps où la culture des terres était
délaissée à une classe de pauvres gens ignorants,
tirant du sol ce qu'ils pouvaient obtenir sans
peines ni sacrifices.

Tant que ces immenses terres mal cultivées
ont été partagées et divisées entre ceux qui les
habitaient, de manière à attacher au sol un plus
grand nombre de propriétaires, il en est résulté
un avantage considérable dont nous ressentons
aujourd'hui les heureux effets.

Le morcellement nous a donc rendu de grands
services au point de vue matériel, social et politique, et nous sommes bien heureux, en France,
que les braves gens de nos campagnes aiment
tant à acheter la terre, car ce sont eux qui en
augmentent la valeur, quand la population est
nombreuse; mais elle ne peut être nombreuse

que là où il existe un travail assuré d'une façon régulière.

C'est ce qui explique tous les bienfaits de l'alliance de l'industrie à l'agriculture; toutes deux sont sœurs, elles se prêtent un mutuel concours, dont la Flandre, l'Alsace et la Normandie nous donnent un remarquable exemple. Pendant que le filateur confectionne les étoffes nécessaires à l'agriculteur, ce dernier fournit au filateur les productions qui le nourrissent; de ces échanges naît un équilibre qui procure à chacun d'eux les éléments de la fortune; le capital appelle la population, cette dernière s'enrichit et tout progresse par suite de ces éléments d'échanges réciproques obtenus par le travail et la fortune.

Néanmoins, chacun reconnaît qu'il n'y a pas partout des industries, et que la subdivision à l'infini des parcelles de terre offre des inconvénients graves, et nul n'ignore que les petits propriétaires, lorsqu'ils partagent, veulent avoir chacun un morceau de chacune des parcelles.

Le dernier travail à ce sujet fait au Sénat pour le Code rural, par le comte de Casabianca, nous

signale un fait important que la Chambre ap-
préciera :

« Au 1er janvier 1851, le nombre des pro-
« priétaires, en France, s'élevait à 7,846,000;

« Au 1er janvier 1851, le nombre des proprié-
« tés à 12,393,366.

« Ces chiffres représentent des propriétés dis-
« tinctes qu'il ne faut pas confondre avec les
« parcelles, dont le nombre est beaucoup plus
« considérable; il s'élevait, au 1er janvier 1851,
« à 126 millions.

« Du recensement général qui a eu lieu en
« exécution de la loi du 7 août 1850, il résulte
« que, sur les 7,846,000 propriétaires portés au
« rôle, 3 millions, c'est-à-dire près de la moi-
« tié, ne payent point de contribution person-
« nelle. Cette exemption, pour la plupart d'en-
« tre eux, n'a d'autre cause que leur indigence
« reconnue par l'autorité municipale.

« On en compte 600,000 dont l'impôt n'ex-
« cède pas en principal 5 centimes par an.
« Qu'attendre de personnes indigentes n'ayant
« à exploiter que quelques mètres de terre!.. »

Tels sont les chiffres du rapport fait au Sénat;

mais ils remontent à 1831, et il est évident que depuis douze ans le morcellement a dû s'accroître considérablement.

Ne vous paraîtrait-il pas nécessaire de donner au père de famille le pouvoir de déterminer la part d'héritage de chacun, sans que chaque héritier puisse avoir le droit de réclamer un morceau de chacune des parcelles?

Il suffit de la volonté d'un seul pour que, des procès venant à naître dans la succession de semblables héritages, les frais absorbent presque la valeur totale de la propriété; et quelles difficultés ne rencontre-t-on pas pour jouir de parcelles presque toujours enclavées et subordonnées à la volonté des voisins! Telle est la petite propriété, en général.

La moyenne propriété, à laquelle s'intéressait si vivement le Premier Consul lors de la discussion du Code civil, n'est pas exempte de ces embarras, et lors de chaque division de fortune, les parcelles tendent à s'éparpiller à de grandes distances les unes des autres, ce qui rend la culture aussi coûteuse que difficile.

La grande propriété, qui prend les dénominations de « *domaines, de fermes,* » et de ce que l'on appelle « *des terres,* » a subi d'immenses changements.

Nous sommes maintenant en présence de faits et de notions qui étaient méconnus il y a soixante ans. La science de l'agriculture a fait, depuis cette époque, des progrès remarquables ; mais elle enseigne qu'avant de pouvoir obtenir des produits abondants, il faut avoir amélioré la terre ; or, faire des améliorations foncières oblige le propriétaire à des avances importantes, qui ne seront remboursées qu'à la longue ; elle nous enseigne conséquemment qu'il faut avoir devant soi un laps de temps considérable et assuré, avant de se déterminer à entreprendre toute chose ; qu'il faut posséder un capital suffisant pour créer toute entreprise et pouvoir la soutenir jusqu'à l'apogée de son œuvre ; que la sécurité de l'avenir est indispensable, aussi bien pour le propriétaire que pour le fermier, avant de sacrifier des capitaux à des améliorations coûteuses. Ces principes de la science pratique agricole sont le résultat des progrès.

Le temps est reconnu le grand maître en

toutes choses! Aussi remarquez-vous cette durée de quatre-vingt-dix-neuf ans qu'on accorde à nos Compagnies de chemins de fer et à nos sociétés industrielles et de crédit; ce laps de temps de cinquante ans, que donne le Crédit foncier pour le remboursement par annuités d'amortissement du capital qu'il avance; ce terme de vingt-cinq ans pour le remboursement graduel des fonds appliqués en travaux de drainage?

Vous le voyez, c'est par siècle et demi-siècle que l'homme calcule aujourd'hui pour la durée des entreprises, des concessions et des engagements!

Or, ne remarquez-vous pas le contraste étrange qui existe en présence de la durée si éphémère des biens dans la même famille? N'apercevez-vous pas l'arrêt fatal de la loi qui, à chaque génération, vous oblige à tout partager, vendre et peut-être à détruire le travail et les labeurs auxquels s'est consacrée l'existence du chef de la famille?

Pour qui prendre tant de peines? en faveur de qui sacrifier ses loisirs, son temps, sa for-

lune si vos enfants n'en doivent pas profiter?
Pourquoi entreprendre une œuvre considérable,
coûteuse et incertaine, si vos enfants ne peuvent avoir les moyens de la continuer après
vous?

Mais qui profitera de ces travaux créés à
grands frais, de ces défoncements, de ces dé-
frichements, de ces drainages, de ces irriga-
tions, si la mort vient surprendre le propriétaire au milieu de son travail? Le partage et la
vente pourront en faire profiter des acquéreurs
partiels, et en admettant même que, par suite
de ces améliorations, l'immeuble ait augmenté
de valeur, ce ne seront toujours pas ses enfants
qui en retireront le profit, ce seront les gens
d'affaires et l'État, par les frais et les droits de
toutes sortes, qui toucheront quinze ou vingt
pour cent du capital total de la vente, quand
bien même la moitié de la valeur de la propriété grevée par des hypothèques n'appartien-
drait plus au propriétaire!... (*C'est vrai!*)

Aujourd'hui que l'on raisonne et calcule
toute chose, voici, Messieurs, les réflexions que
l'on commence à faire; et puisque ce que l'on

possède ne peut avoir qu'une durée viagère, on cherche à réaliser, à vendre, et dès lors on abandonne sa province, on place sa fortune en valeurs mobilières, et l'on va habiter les grandes villes, où l'on trouve plus de jouissances, moins de soucis de l'avenir, et où l'on a une liberté d'autant plus grande qu'on peut y être isolé au milieu de la multitude, sans être assujetti aux charges et aux exigences qu'oblige la position sociale qu'on occupe dans son département.

De là ce qu'on appelle l'absentéisme!... Notre collègue, M. Brame, a écrit sur ce sujet que « lorsque l'ouvrier quitte les campagnes, c'est « le travail qui émigre; mais lorsque les pro- « priétaires s'en vont pour toujours à la ville, « c'est le capital qui disparaît!... »

Telle est la tendance qui se manifeste de plus en plus. Cela se conçoit du reste d'autant mieux, que plus un père de famille fait d'embellisse- ments et de constructions dans sa propriété, plus il devient obligatoire de la vendre; car, ayant une valeur trop considérable pour le lot d'un seul, il y a nécessité de l'aliéner pour en partager le capital réalisé; et j'ajoute encore

que, plus cette propriété aura acquis de valeur,
plus il sera difficile de trouver des acquéreurs,
ce qui obligera de la diviser en petits lots pour
être à la portée de toutes les bourses. (*Marques
d'adhésion.*)

La maison paternelle vendue, les enfants ont
d'autant plus de dispositions à aller habiter la
ville, qu'ils y ont reçu leur éducation, et qu'ils
y ont pris des habitudes de luxe et de plaisirs
dont ils ne pourraient pas jouir à la campagne
avec le tiers ou le quart de la fortune de leur
père.

Les valeurs mobilières créées sous toutes les
formes, depuis les quinze dernières années, ont
augmenté les réalisations; beaucoup d'entre
elles sont préférées à la terre, parce que, tout
en offrant les mêmes garanties, elles ne sont
astreintes à aucune des charges de la propriété;
elles peuvent se transmettre de la main à la
main, sans contrôle, et échappent conséquemment aux difficultés de partage que la loi a voulu
atteindre.

Nous ne devons pas nous étonner de ces
plaintes que nous entendons de tous côtés de la

dépopulation des campagnes, et de ce qu'on appelle généralement l'*absentéisme;* il devient rationnel, par suite de la situation faite à tous ceux qui possèdent, qu'ils soient industriels, commerçants ou propriétaires.

Le résultat de la dépopulation des campagnes est d'autant plus saisissant chez nous que, de tous les peuples, la France est le pays où la population augmente le moins; et ce sont les nations qui jouissent de la plus grande liberté de tester chez lesquelles la population augmente le plus.

Ainsi, en Angleterre, elle augmente de 1,200 individus par jour, ce qui fait environ 400,000 par an, malgré les nombreuses émigrations qui ont lieu. La population du Royaume-Uni, qui n'était, il y a sept ou huit ans, que de 27 millions, dépasse aujourd'hui 30 millions d'habitants.

En Amérique, c'est bien autrement considérable.

En 1790 la population n'était que de.... 3,929,328 habitants.
En 1800 elle était de. 5,306,032 —

En 1850 elle était de. 23,351,207 habitants.

En 1860 elle est arrivée à dépasser..... 30,000,000 —

En Espagne, la population était en 1800 de.................. 10,541,200 —

Elle s'est élevée en 1857 à.............. 15,518,516 —

En Prusse, elle était en 1814 de.......... 10,349,031 —

Elle est montée en 1855 à.............. 17,202,831 —

En Autriche, elle était en 1815 de.......... 28,000,000 —

Elle est parvenue en 1851 à.............. 36,500,000 —

Tandis qu'en France nous avions en 1800 environ 30 millions d'habitants, nous n'en avons en 1861 que 37,382,000, y compris 700,000 âmes environ de l'annexion de Nice et de la Savoie; ce qui ne fait qu'une moyenne d'augmentation de 117,000 individus par an, moyenne dans laquelle le nombre diminue en se rapprochant de notre époque.

Il y a des années, comme 1859, où la population n'augmente que de 38,563 individus ; il y en a même, comme 1854 et 1855, où les décès surpassent les naissances.

En 1821 il y a eu.....   963,358 naissances.
En 1831..   986,709   —
En 1841............   976,029   —
En 1851............   979,907   —
Et en 1860.........   956,875   —

Donc la population n'augmente pas.

Mais, comme la dépopulation des campagnes se fait, en partie, au profit des grandes villes, c'est surtout là où il faut examiner les effets qui se produisent. Ainsi, sur 52,312 naissances par an dans la ville de Paris, il y en a 14,591 d'enfants naturels, c'est-à-dire 28 0/0. Les autres grandes villes de France suivent à peu près la même proportion.

Quand on pousse plus loin les investigations, on voit que, depuis quarante ans, le nombre des mariages augmente graduellement et que le nombre des enfants tend à diminuer, et s'il reste un certain avantage dans le mouvement des naissances sur celui des décès, cela tient essentiellement à ce que la mortalité diminue par suite d'une meilleure alimentation, des progrès de l'hygiène et du bien-être.

Dans les campagnes, certains faits se sont généralisés et ont frappé les économistes qui s'occupent de ces questions, et certainement beaucoup de mes honorables collègues ont pu le constater dans leurs départements, c'est que les paysans qui ne possèdent rien ont un assez grand nombre d'enfants; mais, s'ils ont un petit avoir, ils n'ont qu'un ou deux enfants. Dans quelques pays de montagnes où les enfants sont nombreux, les parents, par un commun accord avec ces derniers, qui y consentent avec empressement, donnent la propriété à celui d'entre eux jugé le plus capable et le plus digne; tous les autres vont travailler ailleurs et reviennent de temps en temps au pays se retrouver en famille.

La maison paternelle subsiste de la sorte, en même temps que tous les enfants se sont enrichis par le travail. Dans d'autres pays, il existe des contrées entières où la généralité des familles, ayant une petite propriété, n'ont qu'un seul enfant, afin de n'avoir ainsi qu'*un seul hé-*

ritier. Ces faits sont à la connaissance d'un grand nombre de nos collègues, qui ne me contrediront pas.

N'est-ce pas là, Messieurs, un enseignement frappant, et ces faits ne sont-ils pas des protestations énergiques qui prouvent que, lorsque la loi de succession refuse à l'homme la liberté d'agir, il trouve le moyen de s'y soustraire? Mais c'est alors la société qui en devient victime, par la population qui diminue et par la démoralisation qui en devient là conséquence.

En examinant les faits, il est aisé de voir que plus le nombre des enfants est limité dans les familles, afin d'éviter les inconvénients de la diminution de la fortune par un partage trop divisé, plus s'augmente le nombre des enfants naturels; il atteint aujourd'hui le chiffre de 70,000 naissances par an, et ces enfants-là restent à la charge de la grande famille qu'on appelle l'État.

Si vous en multipliez le chiffre jusqu'à la moyenne de douze années qu'il faut les garder et les entretenir, c'est un nombre de plus de 800,000 individus qui, sous le nom d'enfants assistés, occupent chaque année une place bien considérable dans les budgets de nos départements et de l'assistance publique, sans compter ceux qui remplissent nos colonies pénitentiaires de jeunes détenus.

Après tous ces détails, ne soyons donc pas surpris de la dépopulation des campagnes, du manque de bras pour les travaux agricoles et autres, et de l'augmentation naturelle du prix de la main-d'œuvre.

Tous ces faits sont le résultat d'un état de choses qu'on n'avait pas prévu il y a soixante ans, alors que les terres et la richesse étaient possédées par un trop petit nombre d'individus.

Ce sont là des questions qui intéressent au plus haut degré les principes de la famille et de la société.

Le principe de l'autorité dans la famille est la base de toute société durable; il y a donc nécessité que le principe d'autorité existe et soit respecté dans la famille, si vous voulez qu'il existe et soit respecté dans l'État.

On est enfant, Messieurs, avant d'être ci-

toyen ! et l'on doit affection, respect et obéissance à ceux auxquels on doit la vie !

Eh bien ! il est triste de voir combien, dans
notre société française, le principe d'autorité
est affaibli dans la famille ; il existe sans doute
une sorte d'autorité morale, mais, si l'autorité
morale ne suffit pas pour gouverner la société,
elle ne saurait suffire pour gouverner la famille.

Quelle que puisse être la volonté des père et
mère, la loi les a désarmés du pouvoir d'être
libres de disposer pour leurs enfants de ce
dont ils sont cependant libres de disposer pour
eux-mêmes ; la loi les prive donc d'un des plus
grands moyens d'exercer leur autorité en les
empêchant de disposer. Remarquez la contradiction : ils ont le droit d'user et d'abuser, ils
peuvent se ruiner entièrement, et cette liberté
que la loi leur accorde pour user de leur fortune pour eux-mêmes, elle la leur refuse pour
leurs enfants, pour leur propre sang.

Aussi les enfants la connaissent bien, cette
loi. Peut-être auraient-ils été les premiers à
vouloir entreprendre un état ou une carrière,
s'ils eussent été incertains de leur fortune ;

mais ils savent que, quoi qu'ils fassent, quelle
que soit leur conduite, les père et mère ne peuvent pas les déshériter. Ce ne sont donc pas les
père et mère qui sont maîtres; ce sont les enfants, qui sont armés de la même loi qui dé-
sarme leurs auteurs. Ils connaissent la fortune
de leurs parents, ils l'estiment, en calculent les
revenus, quelquefois ils l'escomptent, et toujours ils déterminent à l'avance la part qui doit
leur revenir : cette fortune, d'après eux, doit
leur suffire pour les dispenser de travailler. De
là les tendances de trop de gens à ne vouloir
rien faire ; existence aussi fatale pour la société
qu'elle est nuisible à ceux qui s'y complai-
sent.

Que pourraient faire les représentations des
parents, puisqu'ils n'ont pas le moyen d'agir?...
Si l'un des enfants se conduit mal, s'il va jusqu'à commettre les fautes les plus graves, si
même il devient criminel, s'il déshonore le nom
de son père, ce dernier ne peut pas le déshériter, et, s'il est poussé à l'exaspération, la loi ne
lui laisse qu'un moyen de punir, c'est de détruire sa propre fortune, souvent fruit du travail

de toute sa vie, et de ruiner ses autres enfants en se ruinant lui-même.

Quand on approfondit sérieusement jusqu'où s'étendent les conséquences de cette loi, on parvient à se rendre compte de certains faits qui, de prime abord, nous échappent, mais qui, depuis longtemps déjà, ont frappé les publicistes et les hommes qui se préoccupent de l'avenir.

La France possède des richesses immenses de toute sorte : son sol est d'une grande fertilité, son climat des plus favorisés; des mines de toute espèce y abondent; tous les produits désirables de l'Europe y sont obtenus.

Le caractère français est doué de tout ce que donnent l'intelligence, l'esprit, l'activité, le génie du travail, des sciences et des arts. Son courage, son intrépidité, sa grandeur d'âme, sa générosité, sont connus du monde entier.

Que d'éléments, Messieurs, pour faire de notre belle France une nation si heureuse et si prospère!... Que de moyens n'avons-nous pas pour faire surgir du fond de la terre toutes ces

richesses qui y restent enfouies!... Comment
donc se fait-il qu'il existe cette incertitude, ce
découragement pour entreprendre toute chose?
Comment expliquer cet isolement les uns des
autres, cette difficulté d'association chez nous,
lorsque l'association existe à un aussi haut degré chez les peuples qui ont la liberté de disposer? Ce n'est pas l'énergie qui nous manque,
mais bien la sécurité de l'avenir, la certitude du
laps de temps nécessaire, qui sont indispensa-
bles pour toute association qui se forme. Et
comme chez nous toute œuvre qu'on ose entreprendre ne peut avoir qu'une durée viagère
comme l'existence, on donne la préférence à
toutes les spéculations rapides et hasardeuses;
on veut dévorer le temps pour en jouir plus vite,
de peur qu'il vous échappe; on veut vivre pour
soi, sans se préoccuper d'un avenir incertain;
on laisse au hasard le soin d'arranger toute
chose, et sous cet empire de l'égoïsme, on s'entoure de ce que peut donner le luxe pour satisfaire à ses passions, et tout faire pour ainsi dire
à la vapeur.

Il semble que, comme elle, on veuille traverser la vie avec la même rapidité qu'elle met à parcourir l'espace.

Qu'on ne s'étonne donc point, Messieurs, que, chacun reconnaissant son impuissance, on abdique en général son initiative individuelle, pour demander au Gouvernement de faire ce que l'énergie de l'esprit d'entreprise ne pourrait faire sans danger, pour l'avenir de sa fortune.

A l'appui des arguments que j'ai développés devant vous, permettez-moi, Messieurs, d'invoquer les opinions de quelques jurisconsultes considérables qui ont travaillé à l'œuvre du Code civil.

Duveyrier déclare, le 26 ventôse an VIII, que « la faculté de disposer de sa propriété est une « émanation directe de la propriété elle-même; « le droit de donner est le même que celui de « jouir. »

Favart dit, le 28, « que l'extrême rigueur « de ces lois (du partage égal de nivôse) donna « lieu à de nouveaux abus, fit recourir aux « ventes frauduleuses, aux moyens échappa- « toires et clandestins, et il ajoute que les ju-

« risconsultes qui ont coopéré aux travaux pré-
« paratoires du Code civil ont reconnu que
« presque toutes les lois qui ont jusqu'ici réglé
« le droit de disposer avaient reçu l'empreinte
« des préjugés qui régnaient à l'époque où elles
« ont été faites. »

Benjamin Constant, qui, certes, ne veut ni
des priviléges héréditaires ni des substitutions,
dit, à la séance du 29 ventôse an VIII, que « rien
« n'importe plus à la morale et par conséquent
« à la République que la dépendance des en-
« fants! » Et il termine son discours par ces
paroles : « Enfin, mes collègues, une considéra-
« tion dernière qui me paraît décisive et que le
« rapporteur de votre Commission vous a pré-
« sentée, c'est que vous n'empêcherez jamais un
« père de famille de dénaturer ses biens pour
« en disposer indirectement, si vous lui refusez
« la liberté d'en disposer d'une manière légale.
« Vous nécessiterez les fraudes, vos lois seront
« éludées; vous ajouterez aux clauses d'immo-
« ralité, déjà si nombreuses, qui nous pressent
« et nous entourent, une cause nouvelle et puis-
« sante. Les pères n'en seront pas moins injus-

« tes, mais ils seront de mauvaise foi; les enfants,
« autorisés à l'ingratitude, se croiront autorisés
« de même au soupçon, à la défiance, à l'inqui-
« sition sur les actions paternelles; et vous au-
« rez organisé dans toutes les familles une lutte
« intestine de surveillance et de duplicité mille
« fois plus désastreuse que les inconvénients
« très-exagérés que vous ont présentés, sous
« des couleurs beaucoup trop fortes, les adver-
« saires du projet de loi sur le droit de tester. »

Boulay (de la Meurthe), orateur du Gouvernement, s'écrie, le 4 germinal an VIII : « Mais
« cette faculté (de disposer de son bien) laissée
« au propriétaire et surtout au père de famille,
« on l'attaque comme subversive du régime de
« la liberté et de l'égalité, comme contraire aux
« principes de la Révolution : voilà ce qu'il faut
« examiner; et, pour le faire avec succès, écar-
« tons toute espèce de préjugés, raisonnons
« d'après la nature des choses, et ne dédaignons
« pas les lumières de l'expérience.

« Disposer par testament d'une partie quel-
« conque de son bien, c'est faire acte de pro-
« priétaire, on ne peut le nier; qu'est-ce, en

« effet, que le droit de propriété? N'est-ce pas
« le droit d'user et même d'abuser de ce que
« l'on possède : *jus utendi et abutendi?*

« Tester étant une manière de disposer de
« son bien, le droit de le faire est donc une par-
« tie du droit de propriété, ou, si l'on veut,
« un des attributs, une des conséquences im-
« médiates de ce droit.

« Or, quoi de plus sacré que le droit de pro-
« priété? La garantie de ce droit n'est-elle pas
« un des objets principaux, une des conditions
« fondamentales du pacte social! Et sa jouis-
« sance n'est-elle pas encore une des parties
« essentielles de la liberté? Car, sans doute, la
« liberté ne s'applique pas seulement aux pen-
« sées, aux paroles, aux simples actions de la
« vie, mais c'est surtout dans le choix volon-
« taire de son travail, de son industrie, dans
« la libre faculté de disposer de leurs produits,
« et en général de ce que l'on possède, que con-
« siste la liberté du citoyen. Le droit de tester
« est donc inhérent à la liberté comme à la pro-
« priété, c'est un des droits les plus précieux
« de l'homme et du citoyen. »

Voudrez-vous me permettre de vous citer ces quelques paroles de *Maleville* (1), le jour même du vote de l'article 913 du Code civil au Conseil d'État en 1803? Je les soumets tout particulièrement à l'attention de la Chambre :

« Si la loi du 4 germinal an VIII fut accueillie
« par la nation, ce n'est pas qu'elle remplît en-
« tièrement ses espérances; mais c'est parce
« qu'elle présentait un acheminement à un
« meilleur ordre de choses et qu'elle réparait
« une partie des maux produits par la fameuse
« loi du 17 nivôse an II. . . . .

. . . .

. . . .

« L'erreur de ceux qui voudraient établir par
« des lois l'égalité entre les enfants vient de ce
« qu'ils pensent que, par le droit naturel, le
« bien des pères appartient à leurs enfants,
« d'où ils concluent que ceux-ci doivent les
« partager également. Mais on a cent fois

---

(1) Procès-verbaux du Conseil d'Etat, 21 pluviôse an XI, vol. 2, page 360.

« prouvé que cette opinion est fausse. Montes-
« quieu dit encore très-bien que, par le droit
« naturel, les pères sont obligés de nourrir et
« de protéger leurs enfants jusqu'à ce que ceux-
« ci soient en âge d'y pourvoir eux-mêmes,
« mais non de les instituer héritiers; les suc-
« cessions dépendent en entier de la loi ci-
« vile. »

C'est Maleville qui dit cela, et le Premier Con-
su *Bonaparte*, prenant ensuite la parole, déclare que « plus on se rapprochera des lois ro-
« maines dans la fixation de la légitime, moins
« on affaiblira le droit que la nature semble
« avoir confié aux chefs de chaque famille. Le
« législateur, en disposant sur cette matière,
« doit avoir essentiellement en vue les fortunes
« modiques. La trop grande subdivision de
« celles-ci met nécessairement un terme à leur
« existence, surtout quand elle entraîne l'aliéna-
« tion de la maison paternelle, qui en est pour
« ainsi dire le point central (1). »

---

(1) *Procès-verbaux du Conseil d'État*, 10 février 1803 (21 pluviôse an XI), vol. 2, p. 365.

Vous voyez, Messieurs, les opinions de cette époque. Je rends hommage à ce qui a été fait en 1803; je crois qu'il était alors impossible de faire mieux, en tenant compte, comme c'était obligatoire, des événements et des circonstances qu'on venait de traverser. Mais qui pourrait assurer que les mêmes auteurs du Code civil, s'ils se trouvaient au milieu de nous, ne demanderaient pas aujourd'hui, en 1864, une modification à cette loi?

On s'occupe et l'on parle beaucoup en France, depuis soixante ans, de libertés politiques, et, selon moi, Messieurs, on ne s'occupe pas assez de mettre en action la liberté pratique.

Autres temps, autres mœurs! dit-on; mais à d'autres mœurs il faut d'autres lois, et c'est ce qui implique la nécessité des réformes. Elles ne doivent être ni brusques ni inopportunes; il faut savoir les attendre sans doute, mais il ne faut pas craindre non plus de les signaler à l'opinion publique.

J'ai tenu à vous faire connaître mes impressions et à appeler l'attention du Gouvernement sur des faits qui m'ont paru avoir des conséquences graves et sérieuses. Soit donc que l'on augmente la quotité disponible, soit que l'on entoure la liberté testamentaire de toutes les garanties possibles pour concentrer la fortune dans la famille, il y a quelque chose à faire.

Mettons de côté les anciens préjugés d'un autre âge, et aujourd'hui que les idées libérales et démocratiques de 1789 ont été consacrées par soixante-quatorze années d'existence, et que le principe en a été couronné par le suffrage universel, nous ne saurions craindre d'entrer plus avant dans la voie des libertés nouvelles.

Le moment est venu de donner à toute œuvre qu'on veut créer la garantie de l'avenir, afin de stimuler l'esprit d'entreprise et l'initiative individuelle; mais pour cela il faut pouvoir disposer de ce que l'on possède, sans quoi mieux vaudrait ne rien créer ni rien entreprendre, puisque tout devrait être dénaturé ou détruit à la mort de chacun.

Si, avec raison, nous devons reconnaître et admirer ce que nos devanciers ont fait dans le passé, notre devoir, Messieurs, dans le présent, est de prévoir et de préparer l'avenir des générations qui nous suivent.

(Marques d'approbation sur plusieurs bancs. L'honorable membre, en se rasseyant, reçoit des félicitations.)

EXTRAITS

DE

DISCOURS ET D'ÉCRITS

RELATIFS

AU PRINCIPE DU DROIT DE PROPRIÉTÉ

ET A LA FACULTÉ DE TESTER

DE MM.

MERLIN. — MIRABEAU. — SAINT-MARTIN. —
ROBESPIERRE. — TRONCHET. —
CAZALÈS. — PRUGNON. — BENJAMIN CONSTANT. —
CURÉE. — BOULAY (DE LA MEURTHE).
— REGNAULD DE SAINT-JEAN D'ANGELY. —
BIGOT DE PRÉAMENEU. — ROSSI.
— THIERS. — TROPLONG. — HIPPOLYTE PASSY. —
FRANCK. — LÉON FAUCHER. — LE PLAY. —
PINARD. — EDMOND ABOUT.

ASSEMBLÉE NATIONALE

—

Séance du 25 février 1790

—

MERLIN

M. Merlin lit une nouvelle rédaction de l'article 10 sur les droits féodaux ; il est ainsi conçu :

« Toute féodalité et nobilité des biens étant
« détruite, les droits d'aînesse et de masculinité
« dans les successions *ab intestat* des biens ci-
« devant nobles ou féodaux sont abolis. En
« conséquence, ces biens seront partagés égale-
« ment entre tous les héritiers, si les parents
« auxquels ils succèdent n'en ont autrement
« disposé en faveur d'un ou de plusieurs des-
« dits héritiers, soit par contrat de mariage,
« donation ou testament, *ce qu'ils auront la*
« *liberté de faire*, comme en pays de droit
« écrit ; dérogeant à toutes les lois et cou-

« lumes à ce contraires, jusqu'à ce que, par la
« présente législation ou par celles qui suivront,
« il ait été déterminé un mode définitif et uni-
« forme de succession pour tout le royaume. »

ASSEMBLÉE NATIONALE

—

Séance du 2 avril 1791

—

MIRABEAU

. . . .

. . . .

Voici donc la question fondamentale qui se présente : la loi doit-elle admettre chez nous la libre disposition des biens en ligne directe, c'est-à-dire un père ou une mère, un aïeul ou une aïeule doivent-ils avoir le droit de disposer à leur gré de leur fortune par contrat ou par testament, et d'établir ainsi l'inégalité dans la possession des biens domestiques? c'est ce que je me propose d'examiner.

Les formes et les règles testamentaires ont varié et varient encore à l'infini chez les divers peuples de la terre et souvent chez le même peuple; mais, à quelques exceptions près, la faculté de tester a été accordée, de tout temps, à tout citoyen qui possède quelque propriété transmissible et qui n'est pas dans le cas particulier d'incapacité.

Ceux qui ont traité cette matière ont pu se méprendre sur le fondement et le caractère d'un usage aussi général. Ce qui est universellement adopté peut être regardé aisément comme un principe pris dans la nature : des erreurs bien plus grossières ont échappé à la philosophie de légistes.

Si le droit dont jouissent les citoyens, de disposer de leurs propriétés pour le temps où ils ne seront plus, pouvait être regardé comme un droit primitif de l'homme, comme une prérogative qui lui appartient par les lois immuables de la nature, il n'est aucune loi positive qui pût les en priver légitimement. La société n'est pas établie pour anéantir nos droits naturels, mais pour en régler l'usage, pour en assurer l'exercice. Cette question sur la faculté de disposer arbitrairement de ses biens par testament n'en serait donc pas une ; ce n'en serait pas une, surtout dans une Constitution comme la nôtre, dont le premier caractère est le respect pour les droits de l'homme.

Il faut donc voir ce que la raison prononce à cet égard, il faut voir si la propriété existe par les lois de la nature, ou si c'est un bienfait de la société. Il faut voir ensuite si, dans ce dernier cas, le droit de disposer de cette propriété par voie de testament en est une conséquence nécessaire.

Si nous considérons l'homme dans son état originaire et sans société réglée avec ses semblables, il paraît qu'il ne peut avoir de droit exclusif sur aucun objet de la nature ; car ce qui appartient également à tous n'appartient réellement à personne. Il n'est aucune partie du sol, aucune production spontanée de la terre qu'un homme ait pu s'approprier à l'exclusion d'un autre homme. Ce n'est que sur son propre individu, ce n'est que sur le travail de ses mains, sur la cabane qu'il a construite, sur l'animal qu'il a abattu, sur le terrain qu'il a cultivé, ou plutôt sur la culture même et sur son produit, que l'homme de la nature peut avoir un vrai privilége ; mais, dès le moment qu'il a recueilli le fruit de son travail, *le fonds sur lequel il a déployé son industrie retourne au domaine général et redevient commun à tous les hommes.*

. . . .

. . . .

Il me semble, Messieurs, qu'il n'y a pas moins de différence entre le droit qu'a tout homme de disposer à son gré de tout ce qu'il possède de son vivant, et celui d'en disposer après sa mort, qu'il n'y en a entre la vie et la mort même. *Cet abîme ouvert par la nature sous les pas de l'homme engloutit également ses droits avec lui, de manière qu'à cet égard, être mort ou n'avoir jamais vécu, c'est la même chose.* Quand la mort vient à nous frapper de destruction, comment les rapports attachés à notre existence pourraient-ils encore nous survivre? le supposer, c'est une illusion véritable, c'est transmettre au néant les qualités de l'être réel.

Je sais que les hommes ont professé de tout temps un saint respect pour la volonté des morts; la politique, la morale et la religion ont concouru pour consacrer ces sentiments. Il est des cas sans doute où le vœu des mourants doit faire loi pour ceux qui survivent ; mais ce vœu lui-même a ses lois aussi ; il a ses limites na-turelles ; *et je pense que, dans la question dont il s'agit, les droits de l'homme, en fait de pro-priété, ne peuvent s'étendre au delà de son exis-tence.*

. . . .

. . . .

Ne voyez-vous pas quelle est la manie de ceux qui, nés sans fortune, sont parvenus, de manière ou d'autre, à s'enrichir ? Enflés de cet avantage, ils prennent aussitôt un certain res-pect pour leur propre nom ; ils ne veulent plus le faire passer à leurs descendants qu'escorté d'une fortune qui le recommande à la considé-ration ; ils se choisissent un héritier parmi leurs enfants, ils le décorent par testament de tout ce qui peut soutenir la nouvelle existence qu'ils lui préparent, et leur orgueilleuse imagination se peint par delà même le tombeau une suite de descendants qui feront honneur à leur sang. Ah ! étouffons ce germe de distinctions futiles, brisons ces instruments d'injustice et de vanité.

ASSEMBLÉE NATIONALE

—

Séance du 4 avril 1791

—

M. SAINT-MARTIN

. . . .

Vous avez aboli le droit d'aînesse et les inégalités qui en résultaient. Serait-il également sage
de détruire les inégalités résultant des dispositions de l'homme? Ne serait-ce pas porter atteinte au premier, au plus sacré de tous les
droits, à celui de propriété; et le législateur
peut-il trop se garder d'une pareille démarche?
Une semblable prohibition ne serait-elle pas
illégitime, à moins qu'elle ne fût impérieusement commandée par le besoin? Des lois res-
trictives de la propriété, des lois somptuaires
peuvent être utiles dans un petit État où le commerce n'est pas nécessaire, mais un grand
peuple, un peuple chez lequel les besoins sont

infiniment multipliés, ne peut prospérer que par le travail, par l'industrie ; et l'esprit industriel n'existe qu'avec l'amour de la propriété, l'amour de la propriété, qu'avec des lois qui la respectent. *On ne se livre à de grands travaux, on ne traverse l'Océan que pour acquérir des richesses dont on puisse librement disposer. L'homme ne s'attache à sa propriété, ne met de soins à fertiliser son champ qu'autant qu'il est sûr d'en disposer.* Ajouterai-je que le législateur doit tendre à cultiver, en ce moment, les sentiments nobles et généreux qui disposent aux grandes vertus, et que la bienfaisance est une des plus belles jouissances comme des plus utiles vertus ? Voyons si, sous le rapport des mœurs, il n'est pas dangereux d'ôter au chef de famille le droit de disposer. D'abord une loi aussi rigoureuse ne serait-elle pas fréquemment et presque toujours violée ? De là des contestations, des querelles, des inimitiés qui auraient d'autant plus de force qu'elles seraient autorisées par la loi ; de là tous les vices que ces inimitiés produisent.

Ne doit-on pas craindre d'affaiblir l'autorité

paternelle et le respect qui lui est dû. C'est par la douce et salutaire dépendance de l'autorité paternelle que les enfants s'habituent à la soumission aux lois.

. . . .

. . . .

ASSEMBLÉE NATIONALE

—

Séance du 5 avril 1791

—

ROBESPIERRE

. . . .
. . . .

Vous avez décrété que l'égalité serait la base des successions. Permettrez-vous que cette loi soit violée par la volonté particulière de l'homme? Conserverez-vous la faculté de disposer, et quelles en seront les bornes? Il est bon de jeter un coup d'œil sur l'état actuel de la législation sur ce point. Dans certains pays, la faculté de tester a la plus grande latitude; dans d'autres, elle est interdite avec rigueur. C'est entre ces deux coutumes que vous devez opter; car votre intention n'est pas de conserver deux lois et deux principes contradictoires. L'une de ces lois est fondée sur le vœu de la nature qui semble exiger l'égalité entre les enfants; mais ce n'est pas là le principe fondamental de cette loi; il en existe un autre d'une importance majeure dans l'état politique, et qui s'applique même aux successions collatérales. *Ce principe, c'est que la trop grande inégalité des fortunes est la source de l'inégalité politique, de la destruction de la liberté.* D'après ce principe, les lois doivent toujours tendre à diminuer cette inégalité, dont un certain nombre d'hommes sont l'instrument de leur orgueil, de leurs passions, et souvent de leurs crimes. Les grandes richesses corrompent et ceux qui les possèdent et ceux qui les envient. Avec les grandes richesses, la vertu est en horreur. Le talent même, dans les pays corrompus par le luxe, est regardé moins comme un moyen d'être utile à la patrie que comme un moyen d'acquérir de la fortune. Dans cet état de choses, la liberté est une vaine chimère; les lois ne sont plus qu'un instrument d'oppression. *Vous n'avez donc rien fait pour le bonheur public, si toutes ces lois ou toutes ces institutions ne tendent pas à détruire cette trop grande inégalité des fortunes.* Vous avez déjà fait une loi pour les suc-

cessions; laisserez-vous au caprice d'un individu à déranger cet ordre établi par la sagesse
de la loi? Voyez ce qui se passe dans les pays du
droit écrit. La loi de l'égalité des successions y
règne; mais une autre loi permet à l'homme
d'éluder par un testament la disposition de la
loi, et la loi est nulle et sans effet. Et quel est le
motif de cette faculté? *L'homme peut-il disposer
de cette terre qu'il a cultivée, lorsqu'il est lui-
même réduit en poussière? non; la propriété
de l'homme, après sa mort, doit retourner au
domaine public de la société.* Ce n'est que pour
l'intérêt public qu'elle transmet ces biens à la
postérité du premier propriétaire; or, l'intérêt
public est celui de l'égalité. Il faut donc que, dans
tous les cas, l'égalité soit établie dans les successions.

—

Séance du 5 avril 1791

—

TRONCHET

. . . .

. . . .

Si l'on considère l'homme dans l'état de nature, il est difficile de concevoir un véritable droit de propriété, moins encore de propriété transmissible à des successeurs. La nature a donné à l'homme la terre en commun; elle l'a doué de toutes les facultés nécessaires pour faire valoir les trésors qu'elle renferme; mais elle n'a donné à aucun homme aucune portion de terre en particulier. En le jetant au hasard sur telle ou telle partie du globe, elle n'a pas entendu l'enfermer dans un domaine particulier, puisqu'elle lui a donné le droit de se transporter partout où bon lui semblerait et de recueillir les fruits de la nature partout où il les trouverait.

L'homme prend ce qui lui convient. La propriété, dans l'état de nature, est moins un droit qu'un fait; elle est d'autant moins un droit qu'elle résulte de la force. Or, s'il est impossible d'accorder à l'homme, dans l'état de nature, un droit de propriété, encore moins est-il possible de lui accorder un droit de transmissibilité. La propriété précaire, ou plutôt, la possession n'étant que l'effet de l'occupation, cesse du moment où l'homme cesse d'occuper : l'individu qui vient après la mort du premier occupant a le même droit qu'avait celui-ci de jouir de ce qu'il trouve vacant.

C'est dans l'établissement de la société, ce sont les lois conventionnelles qui sont la véritable source du droit de propriété et de transmissibilité. Il aurait été impossible aux hommes en société de laisser subsister la loi naturelle qui ne reconnaît que des propriétés communes. On a dû permettre à chaque sociétaire de retenir ce qu'il possédait. *La première convention sociale a donc été le droit de propriété.* C'est par la société que le droit de conserver et d'acquérir est garanti, puisque c'est d'elle seule qu'il dérive.

La seconde convention sociale est celle qui accorde aux sociétaires le droit de transmettre. Comme la société ne pouvait se former, dans le principe, que par la distinction du tien et du mien, de même elle n'aurait pu se conserver dans un ordre régulier si ce que l'homme eût acquis n'eût été transmissible à quelqu'un après son décès. Tout serait retombé dans un état de désordre et de confusion si, à la mort de chaque propriétaire, ses propriétés étaient restées vacantes ou la proie du premier occupant, ou même s'il avait pu les partager entre tous les membres de la société. Si le citoyen n'eût pu transmettre à sa famille, l'industrie eût été détruite dans son principe, et chacun se serait contenté de chercher les choses nécessaires à la vie, de cultiver son champ à la journée, plutôt que de l'améliorer pour ses descendants. Il a donc fallu déterminer un mode de transmission. Il s'en présentait deux : l'ordre réglé par la loi, l'ordre réglé par la volonté du propriétaire.

L'intervention de la loi était indispensable lorsque l'homme serait mort sans avoir déclaré sa volonté. Mais il s'agissait de déterminer si la volonté du propriétaire devait avoir la prépondérance, et si la loi ne devait être qu'un mode subsidiaire. La même convention sociale qui a accordé le droit de propriété et de transmissibilité devait encore prononcer à qui il appartenait de régler cette transmission. *Plusieurs publicistes très-profonds n'ont point hésité à donner à la volonté de l'homme la prépondérance sur celle de la loi ;* le droit de propriété, ont-ils dit, est, par sa nature, perpétuel. La mort qui fait cesser la jouissance n'éteint pas le droit de propriété, qui autrement ne serait plus qu'un *usufruit. Pourquoi l'homme qui peut disposer pendant sa vie de la chose comme il lui plaît n'aurait-il pas le droit de la transmettre après lui à qui il lui plaît? L'équité veut que l'homme, en rendant les fruits de son travail et de son industrie, ait au moins la consolation d'en gratifier celui qui est l'objet le plus direct de son affection.* Telle est, en effet, la base fondamentale sur laquelle le droit romain paraît avoir élevé tout le système de ses règlements relatifs à la transmission des propriétés. Ici, c'est la

volonté de l'homme qui fait les héritiers, la loi
ne vient qu'à défaut de cette volonté et elle ne
gêne cette volonté que par des entraves très-
légères.   .   .   .   .

.   .   .   .

.   .   .   .

*Vous détruisez ce lien précieux d'humanité,
si l'héritier présomptif peut regarder la succession qu'il convoite avec avidité comme une
proie qui ne peut lui échapper sous aucune
considération, et qui est soustraite à la volonté
de celui qu'il aura négligé, méconnu, et peut-
être outragé et persécuté.*

Vous détruisez même, a-t-on dit, la population, si vous entravez ainsi la volonté expirante
de l'homme, si vous réduisez la propriété à un
usufruit, si vous lui ôtez le droit de la bienfaisance dont il est si jaloux.

ASSEMBLÉE NATIONALE

—

Séance du 5 avril 1791

—

CAZALÈS

. . . .
. . . .

Je n'examinerai pas la loi sur les successions dans ses rapports avec le droit naturel. *Le droit naturel, dit Montesquieu, impose au père l'obligation de nourrir ses enfants, mais non pas de les faire ses héritiers.* Le partage des terres ayant une influence directe sur l'intérêt public, c'est sous ce rapport que je vais l'examiner. Le plus important de ces rapports est celui qui lie l'homme à sa patrie par l'amour de la propriété. C'est par l'amour de la propriété qu'on s'élève à l'amour de son pays, c'est par l'amour de sa famille qu'on s'élève à l'amour de ses concitoyens. Il faut que la propriété ait cette fixité qui attache l'homme à la cité. *Or, à quoi tendrait ce partage égal, cette division des propriétés? Chaque portion de terre ne suffirait plus pour nourrir celui qui la posséderait. A la mort de chaque chef de famille, on serait obligé de vendre son champ pour en partager le produit, ou de le morceler; et, dans ce dernier cas, l'attachement à la propriété, l'amour de la patrie est détruit dans ses éléments; dans le premier, on verra s'établir de grandes propriétés aussi nuisibles que les petites. Car, lorsque toutes les fortunes sont dans un petit nombre de mains, un grand nombre de citoyens son indifférents à la chose publique et ne sont pas même citoyens. Toutes les lois doivent donc tendre à donner aux propriétés cette fixité qui prévienne les deux inconvénients que je viens d'indiquer.*

. . . .

. . . .

La faculté de tester, laissée par la loi romaine aux pères de famille, est la conséquence nécessaire de la puissance paternelle que sans doute vous ne voulez pas détruire. C'est par cette faculté qu'ils régissent leur famille et qu'ils en obtiennent du respect.

. . . .

. . . .

———

ASSEMBLÉE NATIONALE

—

Séance du 6 avril 1791

—

M. PRUGNON

Une vérité qui, comme la lumière, se voit sans qu'on la regarde, c'est que le père est le premier magistrat de sa famille, c'est que cette magistrature aussi ancienne que le monde et sur laquelle la pensée s'arrête avec tant de douceur, doit être modérément armée du droit de punir et de récompenser. Il ne lui faut sans doute ni hache ni licteurs, mais un frein pour contenir dans ses limites le fils qui sera tenté d'en sortir, mais un prix à donner à celui qui a soigné et consolé la vieillesse que ses autres enfants ont négligée. Nul danger à le revêtir de ce pouvoir, non-seulement parce que l'amour paternel est le plus profond et le plus délicieux sentiment de la nature, mais parce que le père

s'aime lui-même dans son fils, et qu'en général,
pour les enfants, le lien de l'espérance est aussi
fort pour le moins que celui de la reconnaissance. Qu'il donne de son vivant, répondra-t-on
d'abord, et je conviendrai volontiers que la vraie
libéralité est la donation entre-vifs; mais plus
d'un père se trouve dans une situation trop étroite
pour pouvoir s'imposer des privations, et le
priverez-vous du droit d'être libéral et juste,
précisément parce qu'il n'est pas riche? Plus
d'une expérience a appris aux vieillards que
l'on était un peu négligé lorsque l'on avait donné
tout, et ils sont assez généralement pleins de
cette idée; *ainsi, dépouiller un père du droit de
tester, c'est le priver de la prérogative la plus
précieuse et la plus utile aux mœurs, puisque
ce serait évidemment affaiblir le pouvoir paternel, et une loi qui lui ravirait ce droit aurait
contre elle l'autorité de la raison universelle,
appuyée de quarante siècles;* car si c'est Solon
qui a introduit les testaments dans Athènes, ce
n'est sûrement pas lui qui les a inventés. Quatre objections s'élèvent contre ce droit en lui-
même. La première est la crainte de l'abus,

même de la part d'un bon père, qui n'est pas, après tout, sans passions, et qui peut malheureusement tester dans un moment où elles l'agitent. La seconde est l'existence connue de quelques mauvais pères. La troisième est le danger d'environner la vieillesse d'intrigants qui spéculent sur l'instant où ils pourront faire signer un testament qu'ils combinent avec un notaire. La quatrième, enfin, que c'est donner à l'homme le droit de commander après sa mort.

. . . .

. . . .

La première est, dans mille occasions, une calomnie contre la nature; et à qui se fiera-t-on, grand Dieu! si l'on se défie d'elle? Mais d'ailleurs on rend l'abus impossible en traçant autour du père un cercle dont on ne lui permettra pas de sortir. La seule question est de savoir quel en sera le diamètre. Ensuite vous attaquez le principe par le côté des exceptions : 1° les exceptions sont-elles et assez fréquentes et assez fortes pour être aperçues? Est-on bien sûr, est-il bien établi que les testaments dont on s'est plaint étaient des monuments de colère ou d'in-

justice? Quand l'âme d'un père, cette âme toujours ouverte aux impressions de la tendresse,
vient à se fermer, croyez-vous que ce soit sans
motif? Croyez-vous que le premier besoin de
cet être-là ne soit pas d'être père? La nature en
a-t-elle donné un seul à l'homme qui soit et plus
pressant et plus agréable à satisfaire? 2° Si les
pères dont les testaments ont été attaqués
avaient pu être rappelés à la vie et faire certaines
révélations, quelle terrible réponse ils eussent
fournie contre les ennemis des testaments?
Encore une fois, de quoi ne vous défierez-vous
pas, si vous vous défiez de la nature?

. . . .

. . . .

Un homme, répondra-t-on, commandera
donc après sa mort? L'objection n'est pas très-
imposante. Je puis donner entre-vifs et stipuler
que le donataire ne jouira qu'à une époque que
je déterminerai, et à la révolution de tant d'années. Rien de plus permis; or, quelle différence bien nette y a-t-il à établir entre cette donation et un testament? Je pouvais donner le
jour même où j'ai testé; je pouvais donner la

propriété nue en indiquant le jour auquel l'usufruit s'y réunirait. Que fais-je par mon testament? J'indique le jour de mon décès pour
celui de la jouissance de l'être à qui je donne.
Seulement, je ne dispose pas d'une manière ir-
révocable; mais, à cela près, la disposition est
exactement la même. Je me réserve le droit de
méditer et de voir si celui sur lequel je verse
mon bienfait continue à en être digne. Je ne
commande pas après moi. Cela a signifié seulement que celui à qui je donne n'a action que du
moment où j'ai fermé les yeux. Prenons un
exemple bien ordinaire et bien commun. Pierre
est au chevet de mon lit à l'instant où je vais
perdre la vie. Je lui dis : Dès que je ne serai
plus, vous prendrez mon diamant qui vaut
10,000 livres, je suppose, et vous le donnerez à
Paul, mon ami. Je meurs et il exécute ma volonté : direz-vous par là que j'ai commandé
après moi? et quelle différence y a-t-il entre
disposer verbalement d'un diamant de 10,000
livres, ou par écrit d'un immeuble de même
prix? Je conçois et j'avoue que celui qui faisait
une substitution commandait après lui; mais

peut-il être question de ces dispositions bizarres d'après lesquelles la famille subsistait dans un seul homme? Il n y a plus de castes, plus de familles proprement dites, il ne s'agit plus de faire des tiges. Depuis que vous avez nivelé les hommes et les droits, on ne doit plus parler que de dispositions de justice et de bienfaisance.

Par votre droit de tester, dira-t-on, vous entourez la vieillesse et les infirmités d'intrigants qui spéculent sur l'instant où un citoyen pourra disposer; vous jetez par là une immense hypocrisie dans les familles; le frère devient l'ennemi secret de son frère, et le parent celui de son parent. Je réponds : 1° décrétez que tout testament, pour être valable, sera antérieur de deux mois à la mort : la loi sera sage et rarement nuisible. Deux mois font une proportion raisonnable, et un testament qui n'a pas cette date, est très-probablement fait dans la dernière maladie. Par cette précaution, vous empêcherez les intrigants de prospérer; 2° décrétez ensuite que chaque citoyen sera tenu de renouveler son testament de cinq ans en cinq ans; alors vous êtes sûrs que vous posséderez la vraie volonté du testateur. Quand l'homme prend la place de la loi, il faut qu'il y ait de la maturité dans son procédé, et le législateur fait un acte de sagesse en lui disant : vous relirez votre testament tous les cinq ans ; je ne vous accorde qu'à cette condition le droit de commander. Par là, l'intrigue est déconcertée, et ses combinaisons porteront presque toutes à faux ; mais qu'est-ce que cette crainte de l'intrigue et de l'hypocrisie, si vous la comparez à l'insubordination, et dans un âge que l'on peut appeler la zone torride ? Répondre qu'il se fera une révolution dans les mœurs, c'est opposer à l'expérience des siècles un roman de philosophie.

—

Séance du 29 ventôse an VIII

—

BENJAMIN CONSTANT

. . . .
. . . .

Les orateurs qui ont révoqué en doute l'utilité de la faculté de tester l'ont envisagée sous deux rapports. Les uns l'ont considérée comme tendant au rétablissement du droit d'aînesse et, par là, des priviléges héréditaires, heureusement détruits parmi nous. Les autres, l'ont regardée comme sanctionnant le despotisme paternel et entraînant à sa suite, dans les enfants soumis à ce despotisme, tous les vices que la servitude produit : l'adulation, l'hypocrisie, la bassesse et l'avidité.

Je viens défendre le projet de loi contre ces deux imputations.

Je ne vois aucune affinité entre la faculté de tester et les priviléges héréditaires. Ceux de nos collègues qui conçoivent à cet égard une inquiétude toujours louable confondent, ce me semble, les idées. Ils attribuent à la faculté de tester les actes que les priviléges avaient introduits dans cette faculté même.

Lorsqu'un abus existe, toutes les institutions sociales le favorisent. Comme il est hétérogène et seul de sa nature, lorsqu'elles ne peuvent pas le détruire, elles sont forcées de lui faire place et de se grouper, pour ainsi dire, autour de lui. Cet inconvénient est surtout inévitable lorsque cet abus, comme l'hérédité nobiliaire, frappe l'imagination, concentre le pouvoir, fausse les idées, en un mot, étend ses ramifications malfaisantes et multiformes sur toutes les facultés de l'homme, sur toutes les parties de son existence physique et morale.

Le système de l'hérédité avait tout corrompu dans l'ordre civil, politique et judiciaire. La faculté de tester, surtout, devait se ressentir de son influence. Dans tous les pays où il existe des dignités transmissibles, la transmission doit se ressentir de la transmission du rang. Partout où le fils aîné se trouve placé dans une condition politique différente de celle de ses frères, cette différence entraîne nécessairement celle de fortune. *Ce n'était pas, dans notre ancien régime, la volonté des pères qui avait établi le droit d'aînesse ; c'était, au contraire, le droit d'aînesse qui dénaturait la volonté des pères.*

Cette assertion est tellement vraie, que le droit de primogéniture était, la plupart du temps, indépendant de la volonté paternelle ; et c'est par une contradiction assez bizarre que les adversaires du projet attaquent la liberté qu'il accorde aux pères, avec des raisons qui ne s'appliquent qu'au joug que leur imposaient nos anciennes lois.

J'adopterai, je l'avoue, une logique opposée. Je dirai : si des institutions abusives, des institutions féodales avaient cru devoir placer le droit d'aînesse au-dessus de la volonté des pères, c'est que les auteurs de ces institutions sentaient bien que la justice paternelle, livrée à elle-même et jouissant de sa liberté, repousserait cette inégalité révoltante.

En effet, dégageons par la pensée la faculté de tester de tout souvenir d'hérédité nobiliaire : quel intérêt pouvez-vous attribuer à des parents pour qu'ils enrichissent toujours l'aîné de leurs enfants ? En supposant même ces parents bizarres et despotiques, ce n'est pas l'aîné, c'est le plus obéissant et le plus chéri de leurs fils qu'ils favoriseront. J'examinerai tout à l'heure l'importance et la probabilité de cet inconvénient ; mais il est d'une tout autre nature que celui que vous m'objectez ici.

Je m'appesantis peut-être sur cette question, mais c'est qu'elle me paraît de beaucoup la plus importante. Quoi qu'on puisse dire sur le despotisme et l'iniquité des pères, il est dans les cœurs un sentiment de confiance en eux qu'il est impossible d'étouffer : mais les souvenirs de la féodalité doivent effrayer tous les républicains, et, lorsqu'on leur représente la liberté des testaments comme conduisant d'une manière plus ou moins directe au rétablissement de la féodalité, il n'est pas étonnant qu'ils la repoussent.

Permettez-moi donc encore un mot à ce sujet.

Sans doute il faut combattre le retour des priviléges avec une activité, une énergie, une surveillance infatigables ; mais il ne faut pas confondre des affections naturelles avec des institutions factices. Cette confusion est singulièrement
dangereuse. Les hommes que vous entraînez
dans cette confusion s'attachent à ce qui est
factice comme à ce qui est naturel. La mala-
dresse du législateur, les privant de leurs droits
en proscrivant les abus, leur fait regretter également et leurs abus et leurs droits. *Si, sous le
prétexte d'opposer aux priviléges une digue
insurmontable, vous refusez aux pères la liberté
légitime de récompenser la piété et de punir la
désobéissance filiale, les pères peu éclairés, qui
sentiront que vous commettez une injustice en
leur enlevant cette liberté, croiront, sur votre
parole, qu'ils ne peuvent la ressaisir que par le
retour des priviléges.* Vous leur en auriez ins-
piré l'horreur si vos lois sages avaient distingué
soigneusement des objets complétement sépa-
rés ; mais vous leur en faites souhaiter le retour
par des lois vexatoires et de confuses inter-
dictions.

C'est donc par haine pour la féodalité que je vous demande de restituer aux pères leurs droits et leur liberté légitime. Je ne veux pas que, se trouvant privés de l'empire que la nature leur a délégué, se voyant déchus d'une puissance dont la perte est pour eux et pour leurs enfants le plus grand des maux, ils en accusent l'égalité nouvellement introduite. Je ne veux pas que, dédaignés par leurs fils ingrats, abandonnés dans leurs derniers jours, descendant vers la tombe dans l'humiliation et la solitude, ils accusent la révolution de leur douleur paternelle, la plus amère des douleurs.

Il est d'autres précautions à prendre contre le retour des priviléges. *Proscrivez les substitutions,* les fidéi-commis, tout l'échafaudage de lois destinées à perpétuer les fortunes dans les mêmes familles, à éterniser l'éclat des mêmes noms. *Ces institutions barbares n'ont rien de commun avec la faculté de tester.* Il n'existe aucune ressemblance entre le droit de récompenser ce fils qui a soigné votre vieillesse et l'absurde prétention de doter à l'avance des êtres qui n'existent pas encore. C'est là que le retour des priviléges se fait apercevoir dans toute son extravagance ; c'est là qu'il faut l'interdire avec toute votre rigueur. Rien n'importe moins à la République que la perpétuité des familles ; *rien n'importe plus à la morale, et par conséquent à la République, que la dépendance des enfants.*

Peut-être, dans les circonstances où nous nous trouvons, entourés que nous sommes des fantômes d'un autre régime, quelques ci-devant privilégiés abuseront-ils de la liberté que vous allez rendre à tous les Français, pour enrichir celui de leurs fils qui jadis aurait possédé des dignités détruites et porté des titres éteints. Laissez-leur ces consolations vaines, ne redoutez pas, au milieu de trente millions d'égaux, quelques individus évoquant avec effort les images du temps passé. Qu'ils protestent dans leur intérieur maintenant obscur, et par de petites transactions particulières, contre la révolution d'un peuple immense, révolution qu'admire l'Europe et qu'imitera l'avenir. Quoi ! c'est pour déjouer les calculs puérils d'une si faible minorité, amante impuissante de préjugés abolis, que vous gêneriez la liberté légitime d'une majorité qui vous demande de réunir la morale à la République pour se vouer avec enthousiasme à la cause de toutes les deux? Ah! laissez faire au temps, au temps qui engloutit dans sa course les abus et leurs sectaires, pour ne conserver que les vérités et les noms de leurs défenseurs.

Je crois donc, mes collègues, que, sous le rapport du droit d'aînesse, des priviléges, de tous les restes de la féodalité, la faculté de tester n'est nullement dangereuse. Je vais essayer de vous démontrer que le bonheur domestique, l'intérêt des pères, et plus encore celui des enfants, la rendent indispensable.

Qu'il me soit permis de récuser d'abord une autorité contre laquelle un ami de la liberté ne peut s'élever qu'en tremblant. Je n'irai pas, exhumant des souvenirs douloureux, rappeler les malheurs privés ou les fautes de l'homme immortel dont le génie et l'éloquence rendirent d'immenses services à l'espèce humaine. Je ne dirai pas que Mirabeau fut un mauvais fils : qui peut discerner au milieu des luttes de cette famille orageuse de quel côté furent les torts? qui peut ne pas désirer que celui dont la voix foudroyante repoussa les baïonnettes royales soit exempt de tout blâme dans des relations délicates et sacrées? *mais je dirai qu'il doit suffire que Mirabeau ait eu le malheur si rare d'avoir un père dur et injuste, pour n'être pas, dans la question, l'organe impartial de tous les fils.*

« Ce sont les pères, dit Mirabeau, qui ont fait les lois testamentaires; ils n'ont pensé dans ces lois qu'à leur empire, ils ont oublié leur paternité. » Je ferai d'abord une observation. En parlant des pères, Mirabeau établit toujours, je répète ses propres paroles, le fatal pervertissement de la faible nature humaine : elle lui paraît bizarre, capricieuse, despotique. Lorsqu'il parle des fils, tout est changé; cette même nature humaine lui paraît reconnaissante, désintéressée, pleine d'affections douces et de sentiments généreux. Toutes les injustices, toutes les vexations, tous les vices sont le partage des parents. Celui des enfants se compose de toutes les vertus, de la douceur, de l'affection, de la piété filiale.

Mon hypothèse, tribuns du peuple, ou pour mieux dire, mon expérience est directement opposée à celle de Mirabeau.

Je vois dans les enfants une race nouvelle, en proie à toutes les impressions qu'elle ne peut encore apprécier, n'ayant aucune connaissance ni des choses ni des hommes, et profondément dominée surtout par ce besoin d'indépendance que la nature nous a donné comme un mobile nécessaire, et qui est à la fois la source de toutes nos vertus et de tous nos écarts. Je vois que les intérêts des enfants ne se concentrent point, ne peuvent se concentrer dans le bonheur de leurs pères ; que l'avenir les appelle, qu'ils se doivent et à l'amitié, et à la fortune, et à l'ambition, et à l'amour : tout est pour eux distraction, occupation, devoir même, dans les liens nouveaux qu'ils sont destinés à contracter ; et tout tend à les séparer de cette génération qui leur a donné la vie et qui, déjà à demi dépossédée, s'affaiblit chaque jour, comprend chaque jour moins les passions qu'elle a oubliées et les intérêts qui, pour elle, n'existent plus.

Je vois, au contraire, les pères concentrer né-

cessairement tous leurs calculs dans leurs enfants : les vieillards n'ont plus de carrière ; ils
n'ont plus d'avenir ; ils n'ont de lien naturel que
dans leur famille. L'activité, le besoin de mouvement portent les enfants au dehors ; l'affais-
sement moral et les infirmités physiques retien-
nent les pères dans leur intérieur. Les pères
sont durs, dit-on. *S'ils sont durs, c'est que bien
souvent ils sont abandonnés, c'est que l'isolement rend dur.* Nous ne calculons pas, éloignés
que nous sommes encore de cette époque som-
bre de la vie humaine, combien ce contraste de
tant d'espérances dans tout ce qui les entoure,
avec si peu de raisons et de moyens d'espérer
pour eux-mêmes, peut être douloureux et in-
supportable.

C'est aux lois à diminuer cet inconvénient,
qui, résultat inévitable de la nature des choses,
subsistera toujours plus ou moins. La société est
destinée à réparer les malheurs de la nature.
Elle crée des ressources pour l'infirme qui, sans
elle, périrait de faim. Elle doit en créer pour le
vieillard qui, sans elle, gémirait dans l'abandon. Elle doit opposer aux intérêts qui poussent

la jeunesse vers les générations contemporaines
ou vers les générations à venir, des intérêts qui
la reportent vers celle qui va disparaître; toutes
ces institutions doivent corroborer les liens qui
unissent les enfants aux pères, et que viennent
croiser sans cesse et souvent briser des liens
plus nouveaux et plus forts.

Mais ces liens, nous dit-on, doivent-ils se
former de vils calculs et d'espérances sordides?
Les enfants ne deviendront-ils pas des flatteurs
mercenaires et de lâches hypocrites?

Je dis, en premier lieu, que, s'il en est dont
les inclinations soient dégradées et perverses,
il est utile de leur donner un motif de plus pour
les déguiser. Je ne vois pas, je l'avoue, quel
est l'avantage d'assurer l'indépendance des enfants ingrats. Je ne concevrais pas que le mal
fût moindre si le scandale était plus grand.

Mais j'affirme ensuite que cette question ne
peut se décider ainsi d'une manière absolue.
Les hommes ne sont pas divisés en deux classes,
les uns bons, les autres mauvais; leurs caractères sont mélangés; ils se forment d'une foule
de motifs divers, qui réagissent les uns sur

les autres, qui se combinent, qui se modifient.

En donnant un motif de plus à l'obéissance des enfants, vous ne détruirez pas les autres motifs.

Je dis plus : tels dont les soins, peut-être, auront eu d'abord une origine intéressée, spectateur du bonheur qu'il répandra sur les jours de son vieux père, s'améliorera par ce spectacle ; il oubliera son premier mobile, il en prendra de plus relevés. L'homme aime à s'estimer ; il aime à se savoir gré de l'accomplissement de ses devoirs ; et s'il peut s'expliquer à lui-même sa conduite par une cause honorable, il repoussera de son propre cœur la cause peut-être moins estimable qui le dirigeait d'abord. Les formes ramèneront le fond ; la douceur des relations influera sur les sentiments ; le fils qui n'aura soigné le bonheur de son père que pour avoir droit à ses libéralités l'aimera bientôt du bonheur même qu'il lui aura donné.

Mais la jalousie des enfants entre eux ! Je réponds que le projet de loi qui vous est soumis, ne permettant pas, comme dans certains pays de l'Europe, l'exhérédation complète, met des bornes à cette jalousie ; que d'ailleurs tous les autres moyens d'amélioration de la morale publique se porteront sur cette partie des mœurs ; qu'enfin, il est des inconvénients inévitables, et que celui qu'on nous oppose ne me paraît pas comparable à l'avilissement de la puissance paternelle et à l'impunité de l'ingratitude et de la désobéissance filiale.

TRIBUNAT

—

Séance du 2 germinal an VIII

—

CURÉE

. . . .

La discussion se rétablit sur le projet de loi relatif au droit de tester.

Le citoyen CURÉE, en défendant le projet, récuse l'autorité de Mirabeau, et nomme son discours contre les testaments un véritable testament *ab irato*. Le sens rigoureux du principe posé par cet illustre orateur, dit Curée, tendrait à anéantir en totalité le droit de tester.

Mirabeau a supposé la société remplie de pères injustes; la nature réclame contre une telle supposition, l'expérience la contredit, et la loi ne doit pas s'y arrêter.

On ne conteste pas aux citoyens le droit de disposer de leurs biens, et on voudrait que la

paternité fût un titre d'incapacité? L'abus qui
règne en ce moment révolte les affections naturelles : la loi de nivôse qu'on invoque n'est point
exécutée, elle est éludée; le mal est plus grand
encore que le redoutent les adversaires du projet présenté. Il faut faire cesser un tel ordre de
choses; on n'y parviendra qu'en rappelant la
piété filiale, et pour cela il faut permettre aux
pères de punir l'ingratitude et l'abandon.

CORPS LÉGISLATIF

—

Séance du 4 germinal an VIII

—

BOULAY (de la Meurthe)
Orateur du Gouvernement

Ce Gouvernement n'est fondé sur aucune égalité que celle des droits; il n'admet aucun titre héréditaire, aucun privilége naturel, soit dans les personnes, soit dans les choses. Il ouvre la plus vaste carrière au développement des facultés naturelles et industrielles; il favorise tous les genres de commerce; *il admet la plus grande latitude de liberté. Comment donc pourrait-on tirer de sa nature des arguments contre la faculté de disposer de son bien, et n'est-ce pas plutôt dans un tel Gouvernement que cette faculté doit avoir le plus d'étendue?*

Mais n'est-il pas d'autres rapports sous lesquels cette faculté est liée intimement à l'intérêt du gouvernement et au bonheur de la société, je veux parler de l'autorité paternelle et des bonnes mœurs? Qui peut nier que l'autorité paternelle ne dépende essentiellement du droit qu'a le père de disposer de ses biens? Sans doute, il serait à désirer que cette autorité ne reposât que sur des bases purement morales ; mais cela n'est point ainsi : *l'influence de l'intérêt est aussi puissante dans la famille que dans les autres relations sociales ; ce fait est si vrai, que les jurisconsultes et les publicistes qui ont parlé de l'autorité paternelle l'ont placée principalement dans la libre disposition laissée au père, non-seulement sur ses propres biens, mais même sur ceux de ses enfants.*

Or, si cette faculté est nécessaire au maintien du pouvoir paternel, que de raisons puissantes, sous le rapport politique et moral, pour ne pas en priver le père, pour ne pas trop la restreindre dans ses mains! En effet, n'y a-t-il pas un rapport intime entre l'autorité du Gouvernement et celle du père de famille? Le Gouvernement veut toujours se conserver, le père de famille est naturellement conservateur ; le Gouvernement veut l'ordre et la tranquillité dans l'État, le père le veut dans sa famille ; l'un veut des citoyens soumis aux lois, l'autre veut aussi des enfants dociles et obéissants. Le travail, l'industrie, la bonne conduite font prospérer l'Etat et la famille, et sont également dans l'intérêt et le vœu des gouvernants et des pères. Il est donc bien important qu'il s'établisse entre les uns et les autres des relations de confiance et d'autorité.

D'ailleurs, quel homme, pénétré des devoirs de la vie humaine et versé dans la connaissance des affections les plus habituelles de la famille, peut craindre d'investir le père d'une autorité trop grande et trop durable? Qui est-ce qui est plus dévoué qu'un père à ses enfants? Qui désire plus que lui de les voir considérés et heureux? Les plus fortes, les plus constantes passions du cœur humain ne l'attachent-elles pas à eux? Et peut-on en dire autant des enfants? D'ailleurs les pères n'ont-ils pas, en général, plus d'expérience et de sagesse que leurs enfants? Ainsi, encore un coup, comment peut-on, de bonne foi, redouter l'autorité paternelle?

Il existe, dit-on, de mauvais pères qui abuse-
ront de la faculté que le projet leur donne. Mais,
d'abord, le nombre est infiniment faible comparé
à celui des bons. Ainsi, les abus qui pourront
résulter de la loi seront bien au-dessous des
avantages qu'elle produira. En second lieu, que
la loi existe ou non, un père, entraîné par un
attachement aveugle envers un de ses enfants,
trouvera toujours bien le moyen de le satisfaire.
S'il veut se venger d'un autre, il le fera également.

On nous parle encore de l'abus que les pères
de famille pourront faire de cette loi pour rétablir les inégalités que le nouveau régime a pros-
crites. Mais le nombre des pères qui pourraient
en abuser n'est-il pas encore très-petit, comparé
au nombre de ceux qui ne pourront pas avoir
cette volonté? D'ailleurs, à quoi serviraient maintenant de telles inégalités? Où conduiraient-
elles sous le gouvernement actuel? Ne seraient-
elles pas combattues par l'intérêt de ceux qu'elles
tendraient à dépouiller, et pourraient-elles tenir
longtemps contre l'opinion publique fortement
prononcée?

Citoyens législateurs, il faut ici vous élever à des idées générales et larges de liberté et d'égalité ; il faut songer que vous stipulez pour la République française, et non pour une petite communauté d'anachorètes qu'on pourrait assujettir à des règles d'uniformité et d'égalité absolues. *Il faut considérer la grande variété de sol et d'industrie qui existe en France ; il faut consulter surtout le vœu et les besoins de la masse de la nation, qu'il ne faut pas plus sacrifier à des préjugés révolutionnaires qu'à des prétentions féodales et nobiliaires.* La loi proposée est sollicitée par la nation, et surtout par la portion nombreuse des petits propriétaires. Sans elle, la culture des terres serait abandonnée dans une partie considérable de la France, et ce n'est qu'en éludant la loi existante que cette culture a pu se contenir. Si cette loi est dans l'intérêt de l'agriculture et du commerce, elle est aussi dans l'intérêt des mœurs ; il faut en soigner le rétablissement ainsi que celui de l'autorité paternelle, la plus légitime et la plus sacrée de toutes, *autorité qu'on a pu briser quand il s'est agi de renverser l'autorité publi-*

que et de changer de gouvernement, mais à laquelle on ne peut trop s'empresser de rendre sa force et sa dignité, maintenant qu'il n'est plus question que de conserver. Il faut donc accepter le projet comme un premier pas vers le rétablissement de cette autorité ; il faut donc l'adopter comme favorable aux bonnes mœurs, comme analogue aux vrais principes de la liberté et de l'égalité, à ceux d'une République qui n'exclut que l'inégalité des droits aux besoins et aux vœux de la nation française.

CORPS LÉGISLATIF

—

Séance du 4 germinal an VIII

—

REGNAULD DE SAINT-JEAN D'ANGELY

Orateur du Gouvernement

. . . .

. . . .

Un des effets de la Révolution a été de changer un grand nombre de Français, naguère simples prolétaires, cultivant péniblement la terre du riche, en petits propriétaires heureux de leur médiocrité, satisfaits de posséder un champ dont ils doivent l'acquisition à leur économie, à leur intelligence ; la fécondité à leur travail, à leur industrie ; la garantie à la Révolution.

Il est donc incontestable que, si le nombre des grands propriétaires s'est diminué, celui des petits propriétaires s'est considérablement accru.

Or, un des charmes que la propriété porte avec elle, celui peut-être auquel les hommes sont le plus sensibles, c'est la faculté de disposer de ce qu'ils possèdent, c'est la liberté de donner ce qu'ils ont acquis.

Cet attrait, ce besoin est plus fort encore quand la jouissance de la propriété est nouvelle pour l'homme qui s'y livre.

. . . .

. . . .

Dans l'impuissance de détruire ces vérités, les adversaires de la loi l'ont accusée de jeter la discorde dans les familles, de semer dans le cœur des enfants des germes d'hypocrisie, d'avidité et de toutes les passions basses qui les accompagnent.

Mais, en premier lieu, je soutiens que les enfants susceptibles de se livrer à ces sentiments honteux qu'on nous a fait craindre de propager par la loi nouvelle seraient, sous le règne de l'ancienne législation, de mauvais fils, des parents sans tendresse.

Ce sont ceux-là qui, sûrs de leur part d'héritage garantie par la loi, laissent aujourd'hui

dans l'abandon ceux dont ils convoitent la for-
tune, et dont leurs vœux coupables accusent
l'existence de se prolonger trop longtemps.

La loi ne les rendra pas vicieux, elle ne pourrait que déterminer vers un vice nouveau le
cours de leurs dispositions perverses ; elle ne
leur inspirera pas des sentiments condamna-
bles, elle pourrait seulement en changer la
nature.

Et puisqu'on ne peut espérer de rendre tous les
hommes bons et vertueux, n'est-ce pas faire quelque chose pour la société que de commander par
l'intérêt ce qu'on n'eût pas obtenu de l'inclina-
tion, et d'arriver à ce point, qu'un défaut dangereux qu'on ne peut déraciner produise à l'ex-
térieur au moins le même effet qu'une disposition louable qu'on n'a pu faire naître?

Secondement, on ne peut nier que l'émulation
ne soit un mobile puissant vers le bien, et qu'elle
n'ait besoin d'être excitée, animée pour produire
les fruits heureux qu'on peut en attendre.

Et parce qu'à côté de l'émulation marchent la
jalousie, l'envie, la haine même, a-t-on jamais
songé à la condamner, à la proscrire?

Si l'émulation des talents et des sciences est utile à la société, pourquoi l'émulation de tendresse et de soins serait-elle nuisible dans les familles?

Pourquoi l'émulation domestique ne contribuerait-elle pas aux plaisirs, au bonheur du chef et des membres d'une famille, comme l'émulation sociale ajoute au moyen de prospérité et de gloire pour les peuples et les gouvernements?

Si le prix qu'on veut laisser au père, à la mère la liberté de décerner à leurs enfants, n'est pas un moyen de les encourager au travail, à la vertu, pourquoi les prix décernés par la société au courage du guerrier, au talent de l'artiste, au génie du littérateur, ont-ils été regardés de tout temps comme des moyens féconds créateurs de grands hommes et de grands succès?

Disons-le donc, parce qu'une institution peut développer des défauts, des vices même, ne lui contestons pas les vertus qu'elle peut inspirer; et parce qu'il est des inconvénients attachés aux lois les plus utiles, ne renonçons pas aux avantages qui en peuvent résulter.

N'y renonçons pas surtout quand l'intérêt général se trouve réuni à l'intérêt particulier.

Or, l'intérêt général est d'encourager l'industrie et le travail, en laissant au citoyen la faculté de disposer du produit qu'il en a tiré!

L'intérêt général est d'attirer les capitaux étrangers pour acquérir les propriétés avilies; et comme dans l'ancien ordre de choses on achetait les terres plus cher dans les lieux où le statut réel permettait d'en disposer en totalité, il est naturel qu'on n'achète pas, ou qu'on achète à moindre prix celles auxquelles la volonté de l'homme ne peut assigner de propriétaire, ni pendant sa vie, ni après sa mort, et dont la loi seule règle le partage.

L'intérêt général est de rendre aux biens-fonds leur valeur première. Or, parmi les causes qui l'ont diminuée, on doit compter le sentiment qui a porté un grand nombre de citoyens à réserver des valeurs mobilières, à enfouir des capitaux facilement disponibles, afin d'éluder une loi contre laquelle leurs affections se révoltaient autant que leur raison.

———

Séance du 21 pluviôse an XI (10 février 1803.)

—

BIGOT DE PRÉAMENEU (1)

Bigot de Préameneu dit « qu'on doit se décider ici par deux sortes d'intérêts, celui de l'État, celui de la famille.

L'intérêt public est dans la bonne organisation de chaque famille; car il en résulte la bonne organisation de l'État.

A l'égard des familles, elles ne se conservent que par une bonne organisation.

Or, le droit d'aînesse ne servait ni l'intérêt de l'État ni l'intérêt des familles; il n'existait que pour l'avantage d'un seul : on ne propose pas de le rétablir.

Mais la division égale des biens produit un autre inconvénient; elle détruit les petites fortunes. Un petit héritage, coupé en parcelles

---

(1) Fenet : *Travaux préparatoires du Code civil, au Conseil d'État*, page 317, volume 12.

pour être partagé entre plusieurs, n'existe plus pour personne. La famille ne profite pas de cette division; car qu'est pour chacun la modique portion qu'il reçoit? Si l'héritage demeure entier, il reste un centre commun à la famille.»

ROSSI

Cours d'économie politique, page 128, 2e volume 1811. —
5e leçon : Des lois de succession.

—

Le droit de transmettre après notre mort les
biens dont nous sommes propriétaires à certaines personnes désignées, soit par nous-mêmes,
soit par la loi, est un élément essentiel de la
propriété, telle que la reconnaissent toutes les
législations des peuples civilisés. Disons mieux :
l'appropriation individuelle du sol n'est pas
concevable sans l'hérédité, le sol étant une propriété qui ne peut donner tous les résultats dont
elle est susceptible que lorsque le possesseur
est constamment animé d'une pensée d'avenir,
lorsque, assuré de la perpétuité de son droit,
il travaille, il épargne, il modifie, il améliore et
pour lui-même et pour les siens et pour tous
ceux qui ont mérité ses bienfaits. Le mot des
jurisconsultes est à la fois simple et profond :
l'héritier, disent-ils, *continue* la personne du
défunt. Voyez ce vieillard, riche de ses écono-

mies, il bâtit à grands frais des édifices séculaires, il fait creuser un canal où de son vivant l'eau ne pourra pas encore s'écouler, il plante des arbres dont il ne goûtera pas les fruits, il commence un assolement long et coûteux dont il ne verra pas s'accomplir la première révolution; ôtez-lui le principe de l'hérédité, *dites-lui que la propriété n'est que viagère, que ses efforts, que ses avances profiteront au premier occupant, à tout le monde, à l'Etat, que sais-je? et vous changerez à l'instant même le cours de ses idées;* économe, il se fera dépensier; rangé, soigneux, prévoyant, il laissera aller toutes choses, satisfait de retirer de ses domaines de quoi suffire à son entretien pendant le petit nombre d'années que la nature lui réserve. *C'est ainsi que tout change par la suppression d'un seul élément, qui est la pensée de l'avenir.* Cet horizon étendu, indéfini, une fois caché à l'œil humain, l'individu n'aperçoit plus rien hors de lui-même, hors de sa chétive et fragile personne; ce n'est plus que dans lui-même qu'il cherche la mesure de ses prévisions, de ses calculs, de ses efforts; tout serait rapetissé dans les idées comme dans les faits de l'humanité ; partout on verrait cet abandon, cette insouciance, ce désordre qui nous frappent si péniblement dans les propriétés de quelques célibataires égoïstes, de quelques vieillards auxquels une vie déplorable n'a laissé d'autre mobile que les instincts grossiers et les courtes prévisions de l'animal.

. . . .
. . . .

Les motifs qui déterminent le législateur sont de nature, louables ou non, à ne pas se laisser affaiblir par des considérations économiques.

Plaçons-nous dans une autre hypothèse : supposons que le législateur ne soit porté par aucun motif politique à intervenir dans la distribution des biens par voie de succession, que le Gouvernement du pays ne se croie pas intéressé à favoriser quelques membres de la famille aux dépens de tous les autres. Au fait, on a quelque peu exagéré l'influence des lois de succession sur la forme du Gouvernement, sur l'organisation politique des États, qu'il ne faut pas confondre avec l'organisation sociale.

Dans la supposition que nous venons de faire, l'élément politique se trouvant complétement éliminé, *on peut se demander si le pouvoir de tester ne devrait pas être illimité : l'affirmative a été appuyée de considérations économiques qui méritent quelque examen.*

En général, le testateur doit apprécier, mieux que personne, le caractère, les habitudes, la situation des membres de sa famille, en un mot, de ses enfants. Car la question ne peut guère s'élever qu'à l'égard des enfants, en prenant ce mot dans le sens légal. Les ascendants survivent rarement à leurs descendants, et, quant aux collatéraux, on reconnaît généralement que la loi ne doit pas leur attribuer des droits qui limitent le pouvoir de tester. Il s'agit donc ici du père de famille qui règle par ses dernières volontés le sort de ses enfants. Pourquoi, dit-on, lui poser des bornes, lui dicter impérieusement certaines dispositions? Possesseur d'une médiocre fortune, un testateur laisse quatre enfants; l'aîné, grâce à l'éducation qu'il a reçue, a déjà parcouru une carrière qui l'a comblé d'honneurs et de richesses; sa sœur a fait un brillant mariage, son mari est dix fois plus riche que son père; pourquoi interdire à ce testateur de partager son modeste patrimoine entre les deux enfants qui lui restent, et qui n'ont d'autre ressource, d'autre espoir que la bonté paternelle? *Par l'égalité des partages, vous portez des capitaux là où ils sont inutiles; vous les ôtez de là où ils sont nécessaires.* Ils ajouteront bien peu à la jouissance productive de deux grands patrimoines, tandis que la jouissance productive de ce qui reste sera peut-être anéantie.

Peut-être faudra-t-il entamer les capitaux pour vivre. *La pauvreté, lorsque ses biens ne suffisent pas à ses besoins, détruit les patrimoines comme la prodigalité; elle les administre mal d'abord, puis elle les écorne, bientôt elle les consume. Si, dans le faible patrimoine dont nous parlons, il existe un immeuble, les inconvénients du partage égal n'en seront que plus sensibles.* Donnerez-vous l'immeuble à l'une ou à l'autre des deux familles déjà si riches? Accoutumées qu'elles sont aux grandeurs des vastes domaines, des parcs, des châteaux, que leur importe ce modeste héritage? En pren-

dront-elles grand souci? s'appliqueront-elles à
en retirer tout le revenu dont il serait susceptible? le donnerez-vous à un des enfants mal
partagés? Il restera débiteur d'une soulte qui
sera pour lui une charge accablante; il manquera de capitaux pour faire valoir son domaine. Le partagerez-vous entre les deux frères?
mais sera-t-il facile de le partager sans en affaiblir la valeur? et si les deux frères ne s'associent
pas pour l'administration et la culture de leur
fonds, ne faudra-t-il pas doubler les bâtiments,
les dépendances et tout l'attirail agricole? *Encore une fois, tous ces inconvénients, toutes ces
pertes auraient pu être évités si le testateur
avait pu disposer à son gré de sa fortune et
régler ses legs selon les circonstances de sa famille, la situation de chacun des membres qui
la composent.*

On peut ajouter que rien n'est à la fois plus
équitable et plus conforme à l'intérêt général
que le pouvoir laissé au père de famille de suivre,
dans la disposition de ses biens, les indications
que lui donne la connaissance intime des personnes et des faits.

Pourquoi laisserait-il une partie de son patrimoine à un fils établi, déjà très-riche, et qui a des frères et des sœurs dépourvus de toute fortune et en bas âge? Pourquoi compterait-il forcément au nombre de ses héritiers un fils dissipateur, perdu de mœurs, ayant toujours résisté aux conseils, aux avertissements de l'autorité paternelle? Pourquoi le contraindre à diviser une fortune qui, partagée, ne donne à l'État que des familles pauvres, tandis que, confiée à un seul des enfants, elle pourrait être administrée d'une manière utile à son possesseur et au pays? Et si on demande que deviendront les enfants qu'on déshérite, les défenseurs de la faculté illimitée de tester n'hésitent pas à répondre qu'un des principaux inconvénients de la *légitime* et de la *réserve*, peu importent ici les caractères particuliers de l'une et de l'autre, c'est précisément la fausse confiance qu'ils inspirent. *Tous les enfants comptant sur une portion quelconque de la succession paternelle, nul ne songe à déployer l'activité qu'il saurait trouver lui-même, dans l'âge des nobles efforts, s'il avait en perspective l'indigence.* A cette occasion on ne manquera pas de vous citer l'exemple des fils cadets en Angleterre. Les voit-on mourir de faim, s'abrutir dans la misère? ne les voit-on pas, au contraire, s'élancer avec ardeur dans les plus brillantes carrières, les suivre avec succès, et un grand nombre d'entre eux établir, à côté de l'opulente maison du fils aîné, des familles, riches d'une fortune noblement acquise, d'une fortune qui est en même temps une nouvelle conquête pour la richesse nationale?

En résumé, disent-ils, toute règle générale, c'est dire toute loi, sur la distribution héréditaire des biens, ne peut tenir aucun compte d'une foule de circonstances et de faits particuliers qu'il importe cependant de sainement apprécier, soit dans l'ordre moral, soit dans l'ordre économique. Si l'on veut que cette distribution soit conforme aux règles de l'équité et aux exigences de l'économie sociale, on ne peut procéder qu'*à posteriori*, par jugements particuliers, et non par des lois. Or, quel juge pourrait-on trouver mieux informé, plus impartial que le père de famille? on serait trop heureux de le pouvoir créer s'il n'existait pas. La nature nous le donne, et nous nous appliquerions à lui lier les mains, à paralyser sa puissance!

Ces arguments sont spécieux. Nous ne sommes pas surpris de l'influence qu'ils ont exercée sur des esprits éminents, sur des économistes distingués. Qu'on le remarque, ici il n'est plus question d'institutions aristocratiques, de primogéniture, de substitutions, de la restauration, impossible pour nous, d'une politique surannée.

Certes, la tendresse des parents pour leurs enfants est un fait général, une garantie dont le législateur aurait tort de se méfier; si, en pareille matière, on pouvait ne pas tenir compte des cas exceptionnels et de l'influence que les mauvais exemples exercent sur les mœurs publiques, on pourrait s'en rapporter, pour l'établissement et l'avenir des enfants, aux libres déterminations du père de famille. Toute loi impérative pour assurer à chaque enfant une part de l'héritage paternel serait superflue. .

. . . .

THIERS

Académie des sciences morales, Petits Traités, 1848. — Du droit
de propriété; de la transmission de la propriété, page 69,
chapitre VII.

—

Ce que les adversaires de la propriété nient
je l'affirme; ce qu'ils contestent je le soutiens
comme indispensable, et voici mes assertions
en regard des leurs.

La propriété est ou n'est pas.

Si elle est, elle entraîne le don.

Si elle entraîne le don, elle l'entraîne pour les
enfants comme pour les indifférents.

Elle l'entraîne durant la vie du père comme
à sa mort.

Loin de favoriser l'oisiveté par cette extension, elle ne devient au contraire un stimulant
puissant, infini du travail, qu'à la condition de
pouvoir se transmettre du père aux enfants.

Enfin, les inégalités nouvelles et plus grandes
qui en résultent sont absolument nécessaires

et composent l'une des harmonies les plus belles, les plus fécondes de la société humaine.

En un mot, la propriété ne donne tous ses effets les meilleurs, les plus féconds, qu'à la condition d'être complète et de devenir de personnelle héréditaire. . . . .

. . . .

. . . .

De l'hérédité, page 76, chapitre IX.

La propriété n'est pas, si je ne puis la donner aussi bien que la consommer : on m'accorde ce point. Si je puis la donner aux indifférents, à plus forte raison pourrai-je la donner à mes enfants, qui même en ont un indispensable besoin pendant une partie de leur vie : on m'accorde cet autre point. Je puis, par conséquent, donner à autrui, et dans autrui, je puis, je dois préférer mes enfants. Où donc commence la difficulté? Au moment où je vais mourir, c'est-à-dire que je pourrais donner à toutes les époques de ma vie, excepté à celle de ma mort. Quoi! ce serait là l'unique différence entre le droit que je réclame et celui qu'on me conteste?

Mais cette différence serait ou nulle, ou barbare, ou impossible.

Entrez dans l'asile domestique, placez-vous dans cet intérieur sacré, et dites-moi si vous pouvez y pénétrer d'une manière assez certaine, assez supportable pour empêcher que le père ne livre à son fils ce qu'il veut lui léguer au moment de sa mort? Si vous permettez à un père de donner de son vivant et non à sa mort, il aura soin de se dépouiller de son vivant même. *Il donnera, un jour, une heure avant d'expirer, de la main à la main, les biens mobiliers, facilement transmissibles au chevet d'un mourant, tels qu'argent, pierres précieuses ou valeurs de papiers inventées pour la commodité du commerce.* Les valeurs immobilières, plus difficiles à transmettre, telles que terres, maisons, objets encombrants, il les donnera un an, deux ans, dix ans avant d'expirer, ou bien *il les vendra et les avilira pour les convertir en valeurs transmissibles à volonté.* En un mot, il aura obvié à votre loi en se dépouillant de son vivant. Mais, de cette obligation que vous lui aurez imposée de se dessaisir avant de mourir, il naîtra deux conséquences. Le bon père pourra être puni de sa bonté, le mauvais père, récompensé de son égoïsme. Le bon père, se dépouillant avant sa mort, trouvera peut-être un fils ingrat, ne pourra pas planter un arbre, creuser un ruisseau dans ce champ qu'il aura donné à son fils, et vivra comme un étranger au milieu de cette opulence qu'il aura créée et dont il se sera privé avant le temps, de peur que son fils ne pût la recueillir. Le mauvais père, au contraire, qui n'aura pas voulu se dessaisir, ou le lâche père qui n'aura pas su envisager l'idée de la mort, pour assurer l'avenir de ses enfants, jouira de son bien, en jouira en maître jusqu'à la fin de ses jours. Ainsi, le bon père aura été dépossédé, le mauvais aura possédé jusqu'à sa dernière heure !

A ces odieux résultats n'allez-vous pas m'arrêter encore et me dire : Assez, assez ! — Oui, il faut s'arrêter, car il est évident que, la nature ayant mis dans le cœur de l'homme, et surtout de celui qui est bon, un penchant invincible à transmettre ce qu'il possède à son fils, l'asile domestique étant impénétrable, le père donnera

à ses enfants, quoi qu'on fasse, la plus grande
partie de ses biens de la main à la main, les dé-
naturera pour les rendre plus facilement transmissibles, ou, s'il ne peut les dénaturer, s'en
dépouillera avant sa mort, pour être plus assuré
d'en faire un usage conforme à son cœur. Dès
lors, le législateur, certain de produire des
monstruosités s'il s'obstine à contrarier la nature, et d'être d'ailleurs désobéi en voulant la
contrarier, dispensera le père de ces odieuses
précautions, et accordera qu'à sa mort ses
biens passeront de plein droit à ses enfants; il
accordera, en un] mot, l'hérédité de la propriété.

Et voyez combien seraient absurdes les conséquences d'une prescription contraire! Le père,
vous ai-je dit, ne pourrait pas donner les terres,
les maisons, les objets saisissables, mais il don-
nerait malgré vous les objets mobiliers, insaisis-
sables, transmissibles de la main à la main, une
heure avant d'expirer! La transmission du père
au fils existerait pour certaines choses et non
pour certaines autres! Mais il y en a de bien
plus précieuses, dont toutes les prescriptions du

monde n'empêcheraient pas la transmission. Celui-ci est un ouvrier habile, il a un secret pour tremper les métaux; celui-là est médecin, et il a un secret pour guérir; l'empêcherez-vous, à son lit de mort, de se pencher à l'oreille de son fils et de lui assurer une fortune en lui disant un mot? . . . .

. . . .

Et quand les choses morales qui doivent être les plus précieuses de toutes à vos yeux, si vous n'êtes pas un législateur voué au culte de la matière, se transmettent inévitablement, les choses matérielles, parce quelles sont matériel-les, ne se transmettraient pas! L'argent peut-être, le diamant, comme les plus transmissibles après ces choses morales, passeraient ainsi d'une génération à l'autre; *la terre seule, quand le père n'aurait pas songer à s'en dépouiller, serait retenue au passage! Songez-vous bien à ces monstruosités?* n'en êtes-vous pas confus, sophiste intrépide?

Je tiens donc comme surabondamment démontrées les propositions suivantes :

Le don reconnu l'une des matières nécessaires

d'user de la propriété, le don est inévitable, surtout au profit des enfants ;

Il est inévitable à toutes les époques de l'existence du père, et il faut, en accordant de plein droit la transmission de ses biens à ses enfants, au moment de sa mort, le dispenser de se dépouiller pendant sa vie.

TROPLONG

Académie des sciences morales. — Petits traités. — De la propriété d'après le Code civil.

—

(Page 58.)

En fait d'égalité, il n'y a qu'un principe vrai, c'est l'égalité devant la loi. Tout le reste n'est que chimère et impossibilité.

L'égalité des conditions et des fortunes a beau avoir été rêvée par Platon, Rousseau, Mably, elle n'est pas digne qu'on en parle sérieusement dans un siècle expérimenté.

(Page 59.)

Pour mettre l'égalité dans la propriété, il faudrait mettre l'égalité dans les facultés humaines. Ce serait imposer à l'homme un niveau injuste et tyrannique.

. . . .

. . . .

La liberté sera donc toujours un obstacle infranchissable pour l'égalité des biens. *Aussi, dans le système hostile au droit de propriété, tient-on fort peu de compte de la liberté; mais défiez-vous de l'égalité quand elle ne marche pas d'accord avec la liberté; je suis porté à soupçonner en elle de mauvais desseins.*

(Page 116.)

Qu'est-ce que le propriétaire au point de vue du publiciste de la société des Jacobins? C'est un simple usufruitier : il n'a qu'un droit de jouir. Robespierre se garde bien de dire qu'il a le droit de disposer. Une telle concession entraînerait avec elle la succession, la donation, le testament, la perpétuité, l'inviolabilité de la propriété, toutes choses repoussées par la logique démagogique, héritière de la logique despotique. Robespierre s'était déjà prononcé contre le testament : « L'homme, avait-il dit dans une autre occasion, peut-il disposer de cette terre qu'il a cultivée lorsqu'il est lui-même réduit en poussière? »

. . . .

. . . .

Le propriétaire est donc réduit à une jouissance, et cette jouissance est limitée à la part que la loi consent à lui garantir.

(Page 133.)

L'État perçoit cependant un impôt sur les successions. Les traditions fiscales de la féodalité l'ont enrichi de ce tribut, imaginé par Auguste, abandonné sous les empereurs chrétiens et rétabli par les seigneurs par des raisons inapplicables aujourd'hui. L'habitude en est prise; cet impôt (comme celui qui frappe les mutations par aliénations volontaires) ne saurait être retranché, *mais il faut qu'il reste modéré. C'est sa modération seule qui le rend supportable, car tout impôt qui dépasse certaines limites équitables est une exaction et une confiscation.*

(Page 135.)

Elle (la Convention) refusait donc au père de famille la liberté de troubler par ses libéralités cette égalité inflexible. C'était là une combinaison à la manière des Grecs pour arriver à l'é-

galité des fortunes, égalité sans cesse poursui-
vie, jamais obtenue et qui échappera toujours
aux investigations de l'art législatif.

Page 113.)

Le mouvement démocratique qui, par la seule
action de la liberté, tend à donner aux fortunes
un niveau moyen et à faire passer la propriété
foncière dans les mains des travailleurs pacifi-
ques, ce mouvement, le seul légitime, le seul
désirable, poursuit son œuvre providentielle et
se manifeste par les plus heureux résultats.

En prenant un chiffre approximatif, je (M. Troplong) n'estime pas à moins de 30 millions le
nombre de ceux qui, par la possession des terres
et des capitaux mobiliers et monétaires, ont à
se défendre de l'invasion des doctrines antiso-
ciales qui attaquent la propriété, la sainte institution de la famille.

Page 116.

Il y a beaucoup de départements où les fermes
disparaissent, et où ce sont les fermiers qui les
achètent, possédant désormais pour eux-mêmes

ce qu'ils possédaient auparavant pour autrui. *Dans ces contrées, quiconque ne cultive pas pour soi ne saurait trouver des fermiers qu'à des conditions si désavantageuses, que la propriété devient un fardeau ruineux. Que fait alors le propriétaire? Il vend sa ferme en détail, et les cultivateurs qui n'en voulaient pas à titre de bail se précipitent en foule pour acheter le fonds à des prix élevés. Ainsi disparaissent tout à la fois et la ferme et le propriétaire non cultivateur de cette ferme.* Tout le monde y gagne : le paysan, puisqu'il passe de l'état de fermier à celui de propriétaire; le propriétaire, puisqu'il retire de son fonds un capital considérable en argent; la terre, puisqu'elle est cultivée avec le zèle et l'affection qu'inspire le sentiment de la propriété.

II. PASSY.

Des causes de l'inégalité des richesses. (Page 41.)

—

L'homme n'est pas un être isolé : il naît, vit et meurt en famille ; ce n'est pas pour lui seul qu'il travaille, c'est aussi pour les êtres dont l'existence se lie à la sienne, et d'ordinaire même, c'est le droit d'assurer ou d'étendre leur bien-être qui forme le principal mobile de ses efforts et le détermine aux sacrifices que réclame la formation de la propriété.

(Page 43.)

Il est d'ailleurs un droit inhérent à la propriété qui, seulement, suffit pour la rendre héréditaire : *c'est le droit de disposer. Posséder, qu'est-ce, sinon être libre d'user à son gré de la chose acquise, être libre de la garder, de la donner, de l'aliéner, de la transmettre?*

(Page 44.)

Tout, dans le progrès de l'humanité, dépend des progrès du travail, et le travail ne devient plus puissant et plus fécond qu'en vertu de l'énergie des motifs qui déterminent les hommes à ne rien négliger pour rendre leurs efforts plus productifs.

Des hommes qui savent qu'ils disposeront librement des produits de leurs labeurs, qu'ils pourront les garder et les amasser sans obstacle, usent au contraire hardiment de leurs facultés industrielles. Le désir du bien-être stimule à la fois leur esprit et leurs forces : ils s'attachent à découvrir les moyens d'agir plus efficacement sur les objets matériels, ils recueillent des connaissances, ils amassent des épargnes, *ils accumulent des capitaux;* et grâce aux peines que chacun prend pour agrandir sa propre part de bien-être, les sociétés tout entières s'éclairent, s'enrichissent et avancent d'un pas ferme et sûr dans les voies de la civilisation.

———

FRANCK.

Dictionnaire des sciences philosophiques. — Du droit de propriété,
1851, 1er volume, page 258

—

Pris dans son acception morale, le mot *propriété* s'applique à un objet dont nous pouvons jouir et disposer à notre gré, et suppose, par conséquent, dans l'homme et en général, un droit d'user de cette façon de certaines choses; c'est-à-dire *le droit de propriété*. C'est ce droit, si vivement contesté aujourd'hui par certaines sectes et certains partis politiques, que nous allons essayer de démontrer, au nom des lois éternelles de la justice et de la raison.

Du droit de propriété. — Toutes les raisons qu'on peut alléguer en faveur de ce droit sont rigoureusement contenues dans les trois propositions suivantes : 1° *la propriété est une conséquence nécessaire de la liberté, ou plutôt elle est la liberté même considérée sous une de ses formes et dans une de ses conditions les plus essentielles ;*

2° la propriété est une conséquence nécessaire et une condition de la famille; 3° la propriété est une condition de la civilisation et de la société en général. Nous insisterons plus particulièrement sur la première de ces propositions, parce qu'elle renferme le fondement de la propriété considérée comme un droit de la nature humaine, tandis que les deux autres n'en expriment que les conséquences.

1° Nous ne sommes nullement opposés à ceux qui pensent que le droit de propriété se fonde sur le travail. Mais le travail lui-même, qu'est-ce qui le rend sacré? qu'est-ce qui lui donne cette vertu d'assimiler, en quelque sorte, l'œuvre à l'ouvrier, et de rendre inviolable aux autres tout ce qui a été produit par mes mains? Pas autre chose que la liberté ou le droit absolu que j'ai sur ma personne. Disons donc sur-le-champ que la propriété dérive de la liberté. *En effet, être libre, c'est avoir la possession de soi-même;* c'est avoir l'usage de ses facultés et de ses forces, de son âme et de son corps, de son intelligence et de ses organes; c'est avoir le droit d'employer comme on veut, à telle œuvre que l'on préfère, ces diverses parties de son être, sous la seule condition de ne pas blesser le droit d'autrui. Or, si mes facultés, mes forces, mon esprit, mes organes sont à moi, il est évident que l'œuvre à laquelle je les ai consacrés, que les résultats qu'ils ont produits et créés en quelque sorte m'appartiennent au même titre; car ces résultats ne sont, en vérité, qu'un prolongement, qu'une extension de moi-même. J'ai ajouté à ma personne tout ce qui est la conquête de mon activité, de mon industrie, de ma prévoyance, de mon courage. Je me retrouve moi-même, avec le droit inhérent à mon être dans tout ce qui est sorti de mon intelligence et de mes mains. *Me refusez-vous en fait cette faculté de disposer des fruits de mon travail? Vous les empêcherez par là même de naître, vous m'empêcherez de les produire ; car je ne voudrai pas me consumer à un labeur dont il ne me sera pas permis de jouir ; vous m'empêcherez d'user de mes facultés comme je l'entends. Ou bien, vous ferez pis encore en me forçant à m'en servir malgré moi, pour d'autres que pour moi, au delà de mes forces et de mes moyens naturels. Dans les deux cas, j'ai perdu ma liberté, je suis esclave, je ne m'appartiens pas, parce que rien ne m'appartient.*

. . . .

. . . .

(Page 260.)

Ainsi, toute espèce de propriété, soit celle des choses inanimées, soit celle des êtres vivants, soit la propriété mobilière, soit la propriété foncière, se justifie également par la liberté, ou, comme on dit plus communément, par le travail. Le travail, c'est la liberté, la liberté, c'est l'homme lui-même ; et il ne saurait venir à l'esprit d'aucun homme sensé de contester ce droit, ainsi présenté dans son caractère absolu. Mais qui veut la fin, veut les moyens ; qui veut les prémisses veut les conséquences. Comme le travail ne peut s'exercer que sur une matière, parce que l'homme n'a qu'une puissance de transformation, non de création, il est impossible de lui accorder ou de lui refuser l'une de ces deux choses sans l'autre ; il est impossible d'admettre la liberté sans la propriété.

. . . .

. . . .

(Page 261.)

La propriété et la liberté sont si étroite-
ment unies entre elles, qu'elles ont toujours eu
les mêmes destinées, qu'elles ont toujours été
reconnues et sacrifiées ensemble et dans les
mêmes proportions.

. . . .

. . . .

(Page 263.)

En rattachant la propriété à la famille, nous
nous prononçons par là même sur l'étendue et
la portée de ce droit; nous distinguons la propriété *jus in re*, comme disent les jurisconsultes,
de la simple possession. En effet, l'une, c'est
le droit; l'autre, c'est le fait. *Or, c'est du droit
que nous parlons; et ce droit n'existe pas, ou il
comprend la faculté de disposer à notre gré des
choses qui nous appartiennent, la faculté de
les donner, de les aliéner, de les transmettre.*
Aussi, rien de plus juste que cette définition

qu'en a donnée le droit romain : *jus utendi et abutendi re sua quatenus juris ratio patitur;* « le droit d'user et d'abuser de son bien autant que le comporte la nature du droit. »

Si l'on admet le droit de donation et de transmission, qui est la plus noble manière de jouir des choses, il faut nécessairement admettre l'hérédité, *non comme un droit dans la personne qui hérite, mais dans celle qui transmet.*

. . . .

. . . .

L'industrie elle-même, celle qui répond aux premières nécessités de notre existence, celle qui nous procure nos vêtements, nos aliments, nos meubles, nos instruments de travail; l'industrie ne saurait se développer ni multiplier ses bienfaits, les rendre accessibles à tous, sans le secours de ces richesses accumulées que dans la langue de l'économie politique on appelle des *capitaux.* Dans l'ordre industriel comme dans l'ordre moral, les leçons de l'expérience coûtent cher. Les moindres perfectionnements dans les arts utiles, les plus légères améliorations dans notre existence matérielle, ont été

achetés par une longue suite d'essais, de tâton-
nements et de stériles sacrifices. Or, comment
ces sacrifices seraient-ils possibles s'il n'existait
d'avance des fortunes préparées à les supporter?
Comment les inventeurs feraient-ils profiter
l'humanité de leurs découvertes et les soumet-
traient-ils à une expérience décisive, c'est-à-dire
tentée sur une grande échelle?

En effet, c'est un axiome d'économie politique
qu'en produisant peu on produit chèrement ;
que plus les opérations se font en grand, plus il
y a de valeur dans les produits et moins ils
coûtent.

Maintenant, dira-t-on que la fortune publique pourra suffire à ces dépenses tout aussi bien
et mieux encore que les fortunes particulières ?
Nous demanderons quelle sera la source de cette
fortune publique, comment elle aura pu se former en l'absence de tous les aiguillons du travail, de la liberté inséparable de la propriété, de
l'intérêt personnel, des affaires de la famille?—
Mais supposons qu'elle existe, qu'une baguette
magique l'a fait descendre du ciel : *il sera toujours incontestable que les risques et les aven-*

tures que peut courir un particulier sont sévè-
rement interdits à l'État. L'État a bien assez à
faire de veiller à sa sécurité, à son indépendance,
au maintien et au perfectionnement de ses institutions les plus essentielles, il n'a ni la faculté
ni le droit de se faire entrepreneur d'industrie
et de s'engager dans de périlleuses spéculations.

LÉON FAUCHER

Guillaumin, *Dictionnaire de l'Économie politique* (1853)
(Page 462.)

—

La Convention a donné, dans la déclaration des droits qui sert de préambule à la constitution de 1793, une définition très-rassurante et très-saine du droit de propriété. L'art. 16 porte: « Le droit de propriété est celui qui appartient à tout citoyen de jouir et de disposer *à son gré* de ses biens, de ses revenus, du fruit de son travail et de son industrie.

(Page 463.)

Le code civil (art. 344 et 345), recueillant et résumant les principes déposés dans les constitutions antérieures, définit la propriété « *le droit de jouir et de disposer des choses de la manière la plus absolue,* pourvu que l'on n'en fasse pas un usage prohibé par les lois et par les règlements. »

(Page 466.)

Le droit de posséder a pour conséquence né-cessaire le droit de disposer des biens que l'on pos-sède, et de les transmettre soit à titre onéreux, soit à titre gratuit, de les échanger, de les ven-dre, de les donner entre-vifs ou par testament, et principalement de les laisser en héritage. La propriété implique l'hérédité. L'homme est ainsi fait qu'il veut se survivre à lui-même. Le soin de sa propre conservation s'étend à celle de la famille; il travaillerait beaucoup moins pour lui s'il ne travaillait en même temps pour les siens. La propriété réduite à l'usufruit n'aurait que la moitié de sa valeur pour les individus et de son utilité sociale.

.   .   .   .

.   .   .   .

(Page 471.)

Toute industrie a besoin d'un capital; car c'est le capital qui fournit les outils, le fonds de roulement et les matières premières. Or, les ouvriers n'ont que leurs bras à mettre en commun. *Il faut que le capital leur vienne de quelque part ; ils le demanderont certainement à l'État, s'ils ne le reçoivent librement des capitalistes. L'État, cependant, n'est riche que de la richesse commune.* Le trésor public se forme du produit des contributions acquittées par chaque citoyen. Le Gouvernement n'a pas le droit de s'en servir pour commanditer certaines combinaisons, une classe de citoyens au détriment des autres. *Au fond, l'État prêtant ou donnant le capital à des ouvriers associés deviendrait un véritable entrepreneur d'industrie. Ce serait lui qui ferait concurrence aux capitalistes et aux patrons avec les fonds de tout le monde.* Il n'y a qu'un pas d'un pareil régime au monopole, à la communauté, et ce pas serait bientôt franchi.

LE PLAY

Les ouvriers Européens, page 236 et suivantes.

Les nations les plus libres, et chez lesquelles l'initiative individuelle a le plus de jouissance, adoptent de préférence ce dernier régime (la liberté de tester) qui se prête, mieux que le fatalisme des coutumes, aux convenances propres à chaque famille, et qui concilie mieux d'ailleurs l'intérêt général avec les lois de la justice individuelle et de l'affection. Le père de famille, en effet, n'étant lié par aucun système exclusif, et suivant librement les inspirations de son cœur et de sa conscience, adopte, dans chaque cas, la solution qui lui a été suggérée, après de longues méditations, par la connaissance approfondie de sa propriété, de sa profession et de sa clientèle, et par l'étude du caractère de chacun de ses enfants. *Il peut établir l'égalité de partage entre ces derniers, si tous sont également propres à faire fructifier leur part d'héritage : dans le cas* contraire, il peut maintenir, à l'avantage de *tous, l'intégrité de l'industrie, du commerce ou du bien de la famille.* Le droit de tester, attribué au père de famille, exerce son influence bienfaisante aux deux limites extrêmes de la civilisation : les nomades le conservent comme une conséquence nécessaire de l'autorité patriarcale ; chez les Anglo-Saxons des deux hémisphères, on le considère *comme une conséquence immédiate du droit de propriété et de la liberté individuelle.* Ce droit, quand il est en vigueur depuis un certain temps et quand il n'est entravé, dans la pratique, ni par les substitutions ni par les partages forcés, conduit naturellement à distribuer le sol, les ateliers et les clientèles par unités dont l'importance est en rapport avec les convenances tracées par la nature du sol et du climat, ou imposées par le génie propre de la race. Dans ce régime, sauf les modifications progressives dues au mouvement de la civilisation, les entreprises de l'agriculture, de l'industrie et du commerce tendent nécessairement à s'organiser sur des bases permanentes. Le partage de l'activité natio-

nale entre les grandes et les petites exploita-
tions, en agriculture aussi bien qu'en industrie,
se maintient alors ou se perfectionne sans
modification brusque, conformément à des
convenances tracées par la nature des hommes
et des choses. Cette stabilité, fondée à la fois
sur les conditions propres à chaque localité et
sur le libre arbitre de la partie la plus prévoyante et la plus expérimentée du corps social,
est le principal secret des succès obtenus aujourd'hui, dans toutes les contrées du globe,
par les Anglais et les Américains du Nord...

(Page 288.)

La loi française, en attribuant à chaque héritier, nonobstant la volonté du père de famille
et des autres cohéritiers, le droit de renouveler
l'héritage, attribue en fait à la partie la moins
prévoyante et la moins expérimentée de la population le pouvoir de désorganiser les entreprises créées par les individualités les plus
habiles de la précédente génération; il n'y a
donc pas lieu de s'étonner si, dans plusieurs
provinces, l'esprit de famille, et surtout les in-

térêts agricoles, y résistent encore. *Les pères de famille, n'ayant plus le pouvoir de retenir leurs enfants dans la carrière qu'ils ont eux-même parcourue, et perdant de bonne heure l'espoir de trouver parmi eux des associés, puis des successeurs, ne sont guère encouragés à entreprendre les améliorations agricoles qui doivent surtout profiter aux générations suivantes; ils se retirent ordinairement des entreprises industrielles et commerciales au moment où ils les auraient rendues plus que jamais productives en s'appuyant sur l'activité d'un fils initié par eux à la pratique des affaires.* Une nation où la famille est ainsi constituée peut se distinguer dans les modes d'activité qui n'exigent qu'une conception première ou un effort momentané; mais elle est nécessairement entravée dans les grandes entreprises de l'agriculture, des mines, de l'industrie et du commerce, exigeant des générations qui s'y dévouent l'esprit de tradition. Il en est autrement dans les pays où la loi ne restreint pas le droit de tester: les pères de famille se plaisent à consacrer aux affaires la totalité de leur existence, sauf à se

décharger peu à peu sur leurs enfants des oc-
cupations les plus pénibles. *Dans cette longue
communauté de travaux, ils peuvent à la fois
accumuler les ressources nécessaires pour établir tous leurs enfants sans morceler la propriété ou l'industrie de la famille, et choisir,*
en toute connaissance de cause, le successeur qui
se montre le plus capable de la diriger avec fruits.

. . . .

. . . .

Privés du pouvoir nécessaire pour diriger et
pour exciter au travail les jeunes générations,
*les pères de famille ne peuvent désormais as-
surer le bien-être de leurs descendants qu'en
en limitant le nombre.* Cette direction donnée à
la prévoyance frappe de stérilité les classes dont
toute bonne organisation sociale devrait favoriser la multiplication; elle se prononce davantage
chaque jour chez les types les plus distingués,
tandis que les types imprévoyants et plus ou
moins dégradés se multiplient plus que jamais.
On s'explique ainsi qu'il devienne si difficile, en
France, de recruter l'armée d'hommes vigou-
reux, et d'établir un système d'émigration ana-

logue à celui qui, dans le cours des derniers
siècles, a peuplé le Canada, la Louisiane et les
Antilles, et à ceux qui fonctionnent aujourd'hui
avec tant de succès en Angleterre et en Allema-
gne. On entrevoit également pourquoi la race
française, qui possède à un degré si éminent
l'intelligence, l'énergie et l'esprit d'initiative, se
maintient à peine dans ses anciennes limites,
dans le temps où débordent, en quelque sorte,
sur le reste du monde, des races qui ne l'empor-
tent cependant sur elle par aucune de ces qualités primordiales.

Pour apprécier à leur juste valeur les questions qui viennent d'être soulevées, il sera utile
de se reporter aux discussions (1) qui eurent
lieu en 1803 dans le sein du Conseil d'État, lors
de la rédaction de la loi qui nous régit encore.

Il fut alors indiqué, en effet, que le maintien
de l'autorité chez le père de famille, de l'obéissance et du respect chez les enfants, était en
rapport intime avec la conservation du droit de

(1) Procès-verbaux du Conseil d'État, contenant la discussion du Code civil, an XI, tome II. Paris, 1804.

tester (1) ; que la multiplication des propriétaires,
si utile à la consolidation des nouvelles institutions civiles, ne se liait pas nécessairement à
l'abolition de ce droit (2) ; que le pouvoir du
père de famille, favorable surtout à la petite
propriété, était une institution essentiellement
démocratique (3) ; que toute entrave opposée à
la liberté du propriétaire décourageait la production et l'épargne (4). Il fut même remarqué
que, dans un pays étendu, la transmission des
biens ne pouvait être convenablement réglée
par des prescriptions uniformes et absolues ;
qu'en cette matière, enfin, il fallait laisser une
large part d'influence aux coutumes locales et
aux convenances privées (5).

(1) Maleville, p. 315, 316 et 361.
(2) Premier Consul, p. 329.
(3) Portalis, p. 319 et 352. Premier Consul. p. 365. Boulay.
p. 366. Bigot de Préameneu, p. 368.
(4) Boulay, p. 338.
(5) Maleville, p. 362.

PINARD

Procureur général à la Cour impériale de Douai.

—

Extrait de son discours prononcé à l'audience solennelle de rentrée, le 4 novembre 1862.

La faculté de tester est un levier dont l'histoire a souvent démontré la puissance. Pourquoi ne chercherait-on pas un remède au mal dans l'extension de la liberté testamentaire, en dispensant le père de faire des lots égaux pour des biens de même nature, et en lui laissant une plus large quotité disponible.

La première modification n'est que l'abrogation d'une entrave et ne viole pas l'égalité ; la seconde étend seulement un droit qui existe déjà, et ne soulève qu'une question de quotité. Toutes deux se complètent et se fortifient, parce qu'en servant la même autorité, elles obéissent au même principe : si l'une d'elles devait être écartée, il faudrait sacrifier la seconde, en maintenant énergiquement la première. Mais elles ne constituent cependant, en réalité, qu'une unique réforme, et se justifient l'une et l'autre par les mêmes raisons.

En soi, la réforme est juste, et elle est utile. Elle est juste, puisqu'elle respecte les deux principes essentiels que l'étude attentive de la nature humaine reconnaît comme éléments constitutifs de la famille : la réserve au profit du groupe, la liberté au profit du chef. Elle est utile, puisqu'elle conjure les deux périls signalés : le morcellement du patrimoine, l'affaiblissement de l'autorité.

Le morcellement du patrimoine trouve-t-il là une digue? Oui, car le père de famille, intéressé à la survivance de ses œuvres, s'opposera au fractionnement des forces qui les ont créées, ou qui les conservent. Il pourra, dans sa prévoyance, faire la part de tous, au lieu de laisser chacun arracher une bribe à chaque part. Au courant des aptitudes de ceux qu'il élève, instruit lui-même par l'éducation qu'il donne, et dont il constate les progrès, il pourra attribuer à l'un l'unité agricole, à l'autre l'unité industrielle. Dans de telles conditions, le partage sera moins un arrêt de mort pour ce qu'ont fait les générations précédentes, qu'un temps d'arrêt pour reprendre et rajeunir ce qu'elles ont fondé.

L'autorité morale du père se relèvera-t-elle en même temps? Oui encore, car ce droit efficace du partage le rendra plus fort pour dicter sa volonté, maintenir ses traditions, et donner à la fonction qu'il remplit la sanction et le prestige.

Juste et utile en soi, la réforme s'harmonise-t-elle avec le régime économique, familial et politique du pays? Nous répondrons affirmativement, et, sur chacun de ces trois points, la justice et l'opportunité de la mesure ressortiront de nouveau avec évidence.

Au point de vue économique, qui n'a compris l'immense changement accompli depuis 1804? Au moment de la promulgation du Code Napoléon, la valeur mobilière ne comptait pas plus dans les fortunes que dans les prévisions du législateur : aujourd'hui, son essor est immense; elle marche de pair avec les immeubles.

Sous le bénéfice de la protection que lui donne l'É-
tat, dans un but de crédit public, elle est le grand
instrument de nos splendeurs et l'instrument
affranchi presque privilégié. *Tous réclament le
capital ; l'industriel qui fonde une usine, l'agriculteur lui-même qui transforme son champ,
le fils qui s'éloigne pour chercher la fortune ou
suivre une fonction loin de l'héritage paternel,
qui ne voit plus se grouper autour de lui une
famille immobile. Lorsque les deux richesses,
mobilière et immobilière, se balancent ainsi,
pourquoi le père ne pourrait-il les répartir
différemment, selon les aptitudes des co-parta-
geants, selon les besoins impérieux de l'ex-
ploitation agricole et industrielle?* Qu'on lui
ait disputé ce droit au moment où la première
richesse était tout, lorsqu'elle donnait l'opulence,
l'honneur, la prérogative politique, et lorsque la
seconde, imperceptible ou presque méprisée,
n'était rien, à la bonne heure! une pareille faculté n'eût été peut-être qu'un encouragement
à l'inégalité; mais la refuser aujourd'hui, ne serait-ce pas ôter au partage de l'ascendant la seule
portée pratique qu'il puisse avoir? En vue de

quels résultats partageait-il désormais, s'il ne peut consacrer une distribution qui assure aux capitaux le meilleur emploi, à l'usine la meilleure direction, au champ la meilleur culture? *Disons donc que nos transformations économiques réclament, au lieu de la repousser, la liberté des partages.*

Au point de vue de la constitution que nos lois donnent à la famille, quel obstacle pourrait rencontrer la réforme proposée? Ce qu'a voulu pour le groupe le législateur de 1801, c'est l'ordre et la liberté, c'est la concorde et l'égalité. L'ordre dans la famille, notre i lée la sanctionne, puisqu'elle fortifie le pouvoir de celui qui la dirige. La liberté, elle ne la sacrifie pas, puisqu'en grandissant celle du père elle lui interdit de confisquer les droits sacrés de l'enfant. La concorde, elle ne saurait la compromettre, puisqu'elle resserre les liens du groupe en rendant sa base plus stable et l'autorité de son chef plus respectée. Et l'égalité, ce mot et cette chose si chers aux sociétés modernes, sera-t-elle méconnue? pas plus que l'ordre, la concorde et la liberté. L'égalité, elle reste écrite, après comme avant notre humble réforme, dans l'organisation de la famille comme dans le courant des mœurs et des idées.

N'est-ce pas l'égalité que la loi convie, quand elle l'impose dès que le père a gardé le silence? N'est-ce pas l'égalité que la loi consacre quand elle veut pour tous, quelles que soient les fautes et les préférences, une réserve inattaquable? Cette égalité, ne peut-elle pas la défendre encore, avec plus de sévérité, en créant, vis-à-vis des enfants de lits différents, une quotité disponible plus étroite? Ce qui violerait l'égalité, ce serait la résurrection de ces priviléges d'aînesse et de masculinité de l'ancien droit, matéralistes comme le destin, inexorables comme lui, et qui s'imposaient à la volonté paternelle aussi bien qu'à la postérité de la famille.

EDMOND ABOUT

(Le Progrès. — Mars 1861)

—

L'anathème légal qui frappe les jeux de hasard n'est pas la seule restriction que notre Code ait mise au droit absolu du propriétaire. Je vous en signale une autre bien plus grave dans son principe, plus désastreuse dans ses effets et qui commence à émouvoir sérieusement les meilleurs esprits de notre époque.

Le même individu à qui nous reconnaissons jusqu'à sa dernière heure le droit d'aliéner, de dénaturer et même d'anéantir tout son bien, n'est pas libre d'en disposer par testament. Dès qu'il a des enfants, c'est la loi qui teste pour lui et se charge de répartir sa fortune en parties égales, sauf une quotité restreinte dont on lui laisse la disposition comme par grâce. *Cette loi, inspirée par un amour aveugle de l'égalité, est un attentat permanent contre la liberté indivi-*

duelle et l'autorité paternelle. Elle ne permet pas au chef de famille de déshériter le fils qui l'a offensé ou déshonoré; elle constitue au profit de chaque enfant un droit né et acquis sur la fortune de leur père vivant. *Elle réduit le père à la condition d'usufruitier, sous la surveillance de sa propre famille; elle l'oblige à dénaturer frauduleusement son bien, s'il veut en disposer selon sa volonté et conformément au droit naturel.* C'est une loi jugée au point de vue moral.

Parlerons-nous des effets qu'elle a produits en un demi-siècle sur la société française? Elle a poussé jusqu'à l'absurde la division des propriétés, *elle a dévoré en licitations et en frais de justice une notable partie du capital acquis;* elle a défait peut-être un million de fortunes au moment où elles commençaient à se faire. Le père fonde une industrie et meurt : tout est vendu et partagé; la maison ne survit pas à son maître. Un fils a du courage et du talent : avec sa petite part du capital paternel, il fonde une autre maison, réussit, devient presque riche et meurt : nouveau partage, nouvelle destruction;

tout à recommencer sur nouveaux frais: un vrai travail de Danaïdes. *L'agriculture en souffre, l'industrie en souffre, le commerce en souffre, le sens commun en rougit.*

Il est trop évident que le père ne doit pas sa fortune à ses fils; il leur doit l'éducation et les moyens d'existence. Quiconque appelle un enfant à la vie s'engage implicitement à l'élever et à le mettre en état de se soutenir par le travail. Mais c'est tout, et la raison ne décidera jamais qu'un homme, riche à quatre millions et père de quatre enfants, soit débiteur de 750,000 francs envers le polisson qui lui a fait des actes respectueux pour épouser la cuisinière. Cependant la loi française le veut ainsi: « Monsieur, dirait un notaire au vieillard, vos quatre millions, qui sont à vous parce que vous les avez gagnés, sont l'héritage naturel de vos quatre fils; on veut bien vous permettre d'en prélever un quart, dont vous userez à votre fantaisie; mais on réserve le reste à vos futurs orphelins, et l'on vous défend d'en disposer.

« — Mais, suis-je propriétaire, ou non?

« — Vous l'êtes, et tellement, que vous avez

le droit de vendre aujourd'hui tous vos biens, meubles et immeubles, d'en convertir le prix en billets de banque et d'en jeter les billets au feu.

« — Ou même de distribuer la somme entre les trois enfants qui ont consolé ma vieillesse?

« — Donnez-leur, de la main à la main, tout ce qu'il vous plaira, mais gardez-vous de les trop avantager par votre testament ! Tout ce qui est donné (par testament) au delà de la portion disponible est sujet à réduction.

« — Mais quelle différence faites-vous entre tester et donner ?

« — Aucune en théorie. Une énorme dans la pratique. Le fait est, soit dit entre nous, que les rédacteurs du Code avaient un horrible souci du droit d'aînesse. Ils ont lié les mains du père de famille pour qu'il ne dépouillât point les cadets au profit de l'aîné. Aux États-Unis d'Amérique, où le droit d'aînesse n'a jamais fleuri, le père est vraiment père, le propriétaire vraiment propriétaire : il dispose de tout son bien comme bon lui semble, et agit en homme libre jusqu'au dernier soupir. »

M. le baron de Veauce........................
dans un discours (séance du 20 janvier 1864,
Moniteur du 21)..................., a demandé que
la loi fût chez nous comme elle est en Amérique (1).

---

(1) Edmond About, *Le Progrès,* page 298. — Mars 1864.

Avril 1864.

Paris. — Imprimerie Poupart-Davyl et Comp., rue du Bac, 30.